Lernkrimi Spanisch

Huellas de sangre

Mario Martín Gijón
Ana López Toribio

circon

Baierbrunner Straße 27, 81379 München
Ausgabe 2022
2. Auflage

Redaktion: Isabella Bergmann, Ursula Bachhausen
Fachkorrektur: Olga Carrasquedo
Produktion: Ute Hausleiter
Titelillustration: Karl Knospe
Lernkrimi-Logo: Carsten Abelbeck
Gestaltung: red.sign GbR, Stuttgart
Umschlaggestaltung: red.sign GbR, Stuttgart

ISBN 978-3-8174-2933-2
381742933/2

Besuchen Sie uns auf Instagram und Facebook: circonverlag

www.circonverlag.de

Vorwort

Liebe Leserin, lieber Leser,

sicher zum Lernerfolg – mit Spaß und Spannung! Die Compact Lernkrimis mit ihrer Kombination aus Lektüre und didaktischem Übungsanteil eignen sich hervorragend, um breite Sprachkompetenzen in der Fremdsprache zu erwerben. Der Lerner wird dabei durch die spannende Handlung, das angemessene Sprachniveau und den stetig ansteigenden Schwierigkeitsgrad der Übungen gefördert und motiviert.
Entwickelt nach neuesten Erkenntnissen der Fremdsprachendidaktik, sind Compact Lernkrimis das ideale Medium für einen Lernerfolg im Selbststudium. Durch die kleinen Texteinheiten und den hohen Übungsanteil sind sie aber auch als Unterrichtslektüre bestens geeignet.

So lernen Sie mit Compact Lernkrimis:

- **Mit Begeisterung lernen:** Die packende Krimihandlung motiviert Sie beim Lesen des spanischen Originaltextes.
- **Wissen intensivieren und erweitern:** Durch die Kombination aus didaktisch aufbereiteter Lektüre und textbezogenen Übungen testen und trainieren Sie Ihre Sprachkenntnisse effektiv. Vokabelangaben auf jeder Seite unterstützen Sie beim Lesen.
- **Systematisch lernen:** Knüpfen Sie an Ihr individuelles Sprachniveau an und setzen Sie eigene Lernziele.
- **Unabhängig sein:** Lernen Sie ganz individuell – wo und wann Sie wollen.

Viel Spaß beim spannenden **Erlernen der spanischen Sprache**
wünscht Ihnen

Prof. Dr. Christiane Neveling
Didaktik der romanischen Sprachen, Universität Leipzig

Inhalt

Crimen en Cáceres

Mario Martín Gijón

1 ¿Suicidio o asesinato?

suicidio *m*	Selbstmord
asesinato *m*	Mord
preferido	Lieblings-, bevorzugt
calle *f* **peatonal**	Fußgängerzone
pulmón *m*	Lunge
Derecho *m*	Jura
coleta *f*	Pferdeschwanz
teniente *m*	Leutnant

Qué día más agradable. El principio del otoño es la época **preferida** del detective Antonio Llera. Ya no hace tanto calor, pero aún no llueve, y la temperatura es muy agradable. El verano en Cáceres[i] es demasiado caluroso, y además la ciudad se queda casi vacía. A finales de septiembre, sin embargo, llegan los estudiantes de la universidad, y la ciudad parece más viva.

En esta mañana de martes, al contrario que otros días, se ven más jóvenes que jubilados en el paseo de Cánovas, la **calle peatonal** llena de diferentes árboles que es considerado el **pulmón** verde de la ciudad.

Cuando ve los grupos de jóvenes que buscan la parada de autobús, con sus mochilas y carpetas, el detective, un hombre de cincuenta años pero que parece algo más joven, recuerda su época como profesor. No echa de menos esos años en la Facultad de **Derecho**. En-

Die Stadt Cáceres wurde im ersten Jahrhundert v. Chr. von den Keltiberern gegründet und später von Römern und Arabern besiedelt. 1986 wurde Cáceres mit seiner Altstadt, in der zahlreiche mittelalterliche Kirchen und Paläste erhalten sind, zum UNESCO-Weltkulturerbe erklärt und ist heute die meistbesuchte Stadt der Region Extremadura.

señar Criminología, sí, pero la universidad no era un lugar para él. Demasiadas intrigas por cosas sin importancia, en un lugar demasiado lejos de la sociedad. Recuerda la sorpresa de su esposa cuando le comunicó su decisión de abandonar la universidad y comenzar una nueva vida como detective privado.
—Disculpe, ¿la parada del autobús del Campus? —le pregunta una chica con **coleta** y mochila.
—Sigue por aquí, por el paseo de Cánovas, y la primera calle a la izquierda —responde el detective con una sonrisa.
En ese momento escucha el sonido de un mensaje de whatsapp, y saca el teléfono de su bolsillo.

Ejercicio 1: El plural. Bilden Sie den Plural folgender Wörter!

1. calor *calores* ______
2. universidad ______
3. pulmón ______
4. joven ______
5. autobús ______
6. fácil ______
7. decisión ______

El mensaje viene de una mujer joven morena que aparece en la foto del perfil de whatsapp, y a la que el detective no conoce:

> Elena Quejigo: Soy la hija del **teniente** Quejigo. Quiero hablar con usted. Llámeme, por favor.

Antonio Llera se queda pensando. Ese apellido le resulta

conocido, pero no recuerda... Antes de llamar, se sienta en un banco, y hace una búsqueda por internet. Pronto encuentra de quién se trata, y lee una noticia publicada en *El Periódico Extremadura*, varias semanas antes.

MILITAR APARECE MUERTO EN SU **DOMICILIO**
Todo parece apuntar a un suicidio
Cáceres, 28 de agosto

En la mañana de ayer, la policía encontró el cuerpo del teniente Francisco Quejigo, de 55 años de edad. Según las informaciones de este periódico, presentaba una herida de **bala** de una pistola encontrada junto al cadáver. Ha aparecido también una **carta de despedida**.

domicilio *m*	Wohnung
bala *f*	Kugel, Gewehrkugel
carta *f* **de despedida**	Abschiedsbrief
preferir *irr*	bevorzugen
no tener *irr* **inconveniente**	nichts dagegen haben
teletrabajo *m*	Homeoffice, Telearbeit

"Si una persona querida se quita la vida, siempre es difícil aceptarlo", se dice Antonio Llera, antes de marcar el número.
—¿Sí? —pregunta una voz femenina.
—Soy Antonio Llera. Usted quería hablar conmigo.
—Sí, es por la muerte de mi padre, el teniente Francisco Quejigo... La policía dice que es un suicidio pero yo no lo creo. De todas formas, **prefiero** hablar en persona —dice Elena, en tono triste.
—Claro, no **tengo inconveniente** —responde el detective—. ¿Cuándo quiere quedar? No sé si ahora tiene que trabajar.
—Estoy en **teletrabajo** —responde Elena—. Pero puedo hacer una pausa. Vivo en un piso muy céntrico, en la avenida de

Alemania, número 25, cuarto A. ¿Puede venir esta mañana?
—Sí, por supuesto. Llego en quince minutos.

Ejercicio 2: Traducción. Lesen Sie weiter und füllen Sie die Lücken mit der richtigen Übersetzung!

Desde el paseo de Cánovas a la **1.** Allee *avenida* de Alemania es un agradable **2.** Spaziergang ______________ de un **3.** Viertel ______________ de hora. De hecho, Antonio Llera conoce bien esa avenida, pues está muy cerca del **4.** Viertel ______________ de los Fratres, donde vivía antes. La avenida de Alemania comienza en la **5.** Bahnhof ______________ y termina en la plaza de América, donde empieza el paseo de Cánovas. Aunque tiene una **6.** Haltestelle ______________ de autobús al lado, el detective Antonio Llera prefiere ir a pie. Desde hace poco, hay también **7.** Fahrradweg ______________, aunque cuando él vivía en la calle Gran Bretaña, no existía. El detective comprueba que pasaron trece minutos cuando llega frente al número 25 de la avenida de Alemania y toca el **8.** Klingel ______________.

La mujer que abre la puerta parece menos joven que la de la foto, o quizás es por la tristeza.
—¿Quiere tomar algo? ¿Un café, una cerveza? —le pregunta.

—No, gracias. Usted quería hablarme de la muerte de su padre. La versión oficial es que fue un suicidio...

—Sí, esa es la versión oficial. Murió de un **disparo** con su pistola, es cierto.

—Y dejó una carta —comenta el detective.

—En la carta solo había una palabra: “Perdóname”ℹ. Eso no lo entiendo. No sé a quién pedía perdón. Él no estaba deprimido, todo lo contrario. Sufrimos mucho cuando mi madre murió hace cinco años en un accidente de tráfico. Pero él ahora estaba bien, tenía una nueva **pareja** y estaba **ilusionado** —explica Elena.

disparo *m*	Schuss
pareja *f*	Paar, hier: Partner/in
ilusionado	begeistert
tropa *f*	Truppe
cuartel *m*	Kaserne
confirmar	bestätigen

—Entonces, usted cree que no fue un suicidio, sino un asesinato —dice el detective.

—Es lo que quiero saber. Por eso le llamé. Si usted acepta el caso... —dice Elena.

—¿Su padre tenía enemigos? —pregunta Antonio Llera.

—Bueno, había personas que no estaban contentas con su trabajo —explica Elena—. ¿Usted es de Cáceres?

—No nací aquí, pero hace veinte años que vivo en la ciudad —responde el detective.

—Vale, entonces sabe lo que es el CEFOT —afirma Elena.

—Claro, el Centro de Formación de **Tropas**, el **cuartel** militar que está en la carretera de Mérida —**confirma** el detective.

—Supongo que sabe que hay un debate abierto sobre si se

ℹ Werden an eine bejahte Befehlsform Pronomen angehängt, erhält der Vokal der betonten Silbe der Imperativform ggf. einen Akzent.
¡Perdóname!
¡Cómpramelo!
¡Tranquilícese, señora!
¡Explícaselo a la policía!

cierra el cuartel o no. Desde que no existe el **servicio militar** obligatorio, hay quienes opinan que no tiene mucho sentido —cuenta Elena.

—¿Su padre no estaba de acuerdo?

Ejercicio 3: Palabra escondida. Übersetzen Sie und enträtseln Sie das Lösungswort!

1. Dienst: _ _ _ ☐ _ _ _ _

2. Debatte: _ ☐ _ _ _ _

3. Zentrum: _ _ ☐ _ _ _

4. Krieg: ☐ _ _ _ _ _

5. Bahnhof: _ _ _ ☐ _ _ _ _

6. Nachricht: ☐ _ _ _ _ _ _

7. links: _ ☐ _ _ _ _ _ _ _ _ _

8. Waffe: ☐ _ _ _

Lösungswort: _ _ _ _ _ _ _ _

—Al contrario, mi padre sí estaba de acuerdo, como muchos. Por desgracia, él tenía que escribir un **informe** para el Ministerio sobre qué debía hacerse con el CEFOT. Su conclusión era que debía cerrar porque ya no era necesario en una época en que tenemos un ejército profesional y modernizado. Como puede imaginar, esto es dramático para algunos compañeros de armas. **Oficiales** que

servicio *m* **militar**	Militärdienst
informe *m*	Bericht
oficial *m*	Offizier

pensaban vivir aquí, en Cáceres, hasta su **jubilación**, y que ven cómo tienen que cambiar de ciudad, de vida...

jubilación *f*	Ruhestand, Rente
venganza *f*	Rache

—¿Usted cree que fue una **venganza**?

—Es lo que quiero saber, si acepta el caso —contesta Elena.

—Lo acepto. Haré todo lo posible por descubrir la verdad —responde el detective Llera, mientras le da la mano a Elena.

2 Restos del pasado

Al día siguiente, el detective Llera conduce su coche hasta el cuartel del CEFOT. Aunque el cuartel está fuera de la ciudad, solo tarda diez minutos desde su casa.

En la entrada hay una **barrera** y un guardia.

—Buenos días —le saluda el guardia muy serio.

—Buenos días —responde Antonio Llera—. Tengo una **cita** con el **coronel** Luceño, a las diez de la mañana.

—De acuerdo. Puede aparcar el coche allí, a la izquierda. Yo aviso al coronel.

Cuando el detective termina de aparcar, ya hay un soldado que espera para **acompañarlo** hasta el **despacho** del coronel Luceño. El cuartel le causa al detective una impresión extraña. Un lugar muy grande para pocos soldados.

barrera *f*	Barriere, Absperrung
cita *f*	Termin
coronel *m*	Oberst
acompañar	begleiten
despacho *m*	Büro

—Mi coronel, aquí está el invitado —dice el soldado, antes de marcharse. El detective Llera ve a un hombre ya mayor, de más de sesenta años, con pelo y barba blancos, pero que parece fuerte y en buena forma física. Además es bastante alto.

—Buenos días. Gracias por su puntualidad. No tengo mucho tiempo —comienza el coronel.

—Lo sé, coronel, y estoy muy agradecido. Quería hablar sobre la muerte del teniente Francisco Quejigo...

—Una verdadera tragedia —dice en tono triste el coronel—.

Era un gran militar. Hizo una labor extraordinaria en las misiones en las que participó. En el Líbano, en Afganistán...

> Obwohl **gran** sprachgeschichtlich nur die Verkürzung von **grande** ist, hat das vorangestellte Adjektiv eine andere Bedeutungsnuance.
> **un gran militar** - ein hervorragender Militär, aber **un cuartel grande** - eine große Kaserne
> **una gran ciudad** – eine Großstadt, aber **una ciudad grande** – eine große Stadt

—¿Y aquí, en Cáceres? —pregunta el detective.

El coronel Luceño respira **hondo** antes de responder.

—Seguro que usted ha hablado con su hija y ya lo sabe. El teniente Quejigo había escrito un informe donde explicaba que este cuartel ya no es necesario. Muchos años de historia, decenas de miles de soldados de toda España que pasaron por aquí. Pero ya no somos necesarios...

—Usted no está de acuerdo —comenta el detective.

—Yo entiendo sus argumentos, pero él podía estar de nuestra parte. De todos modos, no podemos hacer nada.

Antonio Llera se siente algo **intimidado** por el coronel Luceño, pero tiene que hacer una pregunta importante.

hondo	tief
intimidar	einschüchtern
temblor *m*	Zittern
coincidir	übereinstimmen

—¿Dónde estaba usted la tarde de la muerte del teniente Quejigo? —pregunta, con un ligero **temblor** en la voz.

—Esa misma tarde tuve una reunión con todos los oficiales para debatir nuestra posición después del informe del teniente. Finalmente hemos decidido aceptar el cierre del cuartel.

—¿A qué hora fue esa reunión?

—Empezó a las seis y media de la tarde y terminó sobre las diez. Después de eso, fui a mi casa, a cenar con mi mujer.

—Esa reunión **coincide** con la hora de la muerte del teniente

—comenta el detective—. ¿Estaban todos los oficiales?

—Dos de los oficiales no pudieron asistir. El **sargento** Cota y el **capitán** Quesada. Dos magníficos militares. Si quiere hablar con ellos, puede hacerlo —comenta el coronel Luceño.

—Muchas gracias por su tiempo, coronel —dice el detective y le da la mano.

sargento *m*	Feldwebel
capitán *m*	Hauptmann
patio *m*	Hof

Ejercicio 4: Por y para. Setzen Sie die richtige Präposition ein!

1. El informe fue escrito ____________ el teniente Quejigo.
2. El teniente encendió el ordenador ____________ escribir el informe.
3. ¿Qué planes tienes ____________ mañana?
4. Por favor, ¿ ____________ llegar a la estación?
5. Claro, tienes que ir ____________ esa calle.
6. Es una situación muy difícil ____________ ella.
7. Su hija ha estudiado mucho ____________ ese examen.
8. Gracias ____________ todo lo que has hecho.
9. El teniente Quejigo escribió el informe ____________ el Ministerio.

El detective va al **patio** del cuartel, donde hay un pequeño grupo de soldados jóvenes bajo las órdenes del sargento Cota, un hombre de baja estatura, pero muy **musculoso** y que grita con mucha autoridad.

—¡**Firmes**! ¡Paso a la derecha! ¡Soldado Pérez, más atención!

Cuando ve al detective, **anuncia** a sus soldados: —¡Diez minutos de descanso! —Luego se acerca a Antonio Llera—. Buenos días.

musculoso	muskulös, kräftig
¡Firmes!	Stillgestanden!
anunciar	ankündigen
reñir *irr*	ausschimpfen
convicción *f*	Überzeugung
vergüenza *f*	Schande

—Buenos días. Soy el detective Antonio Llera. Estoy investigando la muerte del teniente Quejigo...

—Una terrible tragedia —le interrumpe el sargento Cota.

—Desde luego. He hablado con el coronel Luceño. Me ha dicho que usted no estaba en la reunión celebrada la tarde en la que murió el teniente (i). Casi todos los oficiales estaban presentes...

—Lo sé. Ya mi coronel me **ha reñido** por eso. Pero también me comprendió. Yo ya sabía que la mayoría de los oficiales iba a aceptar el cierre de este cuartel. Y yo no quería ir en contra de mis superiores. Pero tampoco quería ir contra mis **convicciones** —dice el sargento Cota.

—¿Qué quiere decir? —pregunta el detective.

—Quiero decir que es una **vergüenza** el cierre de este cuartel. Gracias a este cuartel Cáceres está en la historia militar de España. Miles de soldados de todas las regiones de España se han formado aquí durante más de medio siglo. Aquí vienen gallegos, canarios, valencianos... Ahora también tene-

(i) **Me ha dicho que usted no estaba en la reunión de la tarde.** Das Imperfekt besagt hier nicht, dass sich dies geändert hat. Steht das Verb des Sagens in einer Vergangenheitszeit, wird aus dem Präsens oder Perfekt der direkten Rede in der indirekten Rede ein Imperfekt.

admitir	zugeben
vocación *f*	Berufung
conmover *irr*	berühren
hacer *irr* **pesas**	hanteln
testigo *m*	Zeuge
coartada *f*	Alibi
monitor *m*	Trainer
pesas *f pl*	Hanteln
desafiante	herausfordernd

mos colombianos o peruanos que se han nacionalizado españoles —dice con una sonrisa.

—Pero el cuartel es muy grande, y yo veo pocos soldados —comenta el detective.

—Desde que el servicio militar no es obligatorio, hay menos soldados, por supuesto —**admite** el sargento—. Pero los que vienen voluntarios tienen más **vocación**. Me **conmueve** el amor a la patria que veo en estos muchachos... —dice emocionado.

—Sí, seguro —comenta el detective, algo cansado del discurso del sargento Cota.

—Usted, como civil, no puede entendernos —le dice el sargento con tono despectivo—. Pero en unos momentos tan difíciles para la patria, estos chicos son más necesarios que nunca.

—Seguramente tiene razón —dice el detective, que piensa que probablemente las ideas políticas del sargento son distintas a las suyas—. ¿Qué hacía usted durante la reunión de los oficiales?

—Estuve en el gimnasio Sottoterra. Necesitaba hacer ejercicio para no pensar demasiado. Estuve casi tres horas **haciendo pesas**. Después fui a mi casa, con mi mujer.

—¿Tiene algún **testigo** para su **coartada** del gimnasio?

—Sí. Puede preguntar a Manu Carranza, el **monitor** de la sala de **pesas**. Es amigo mío y estaba allí esa tarde —contesta el sargento Cota, con una mirada **desafiante**—. Y ahora, con su permiso, debo continuar. Ya han pasado diez minutos.

—Por supuesto, sargento. Gracias por su tiempo —responde el detective Llera.

Ejercicio 5: Intrusos. Welches Wort ist das „schwarze Schaf"? Unterstreichen Sie!

1. coronel sargento monitor capitán
2. musculoso gordo delgado moreno
3. bala disparo pistola cuchillo
4. avenida calle estación plaza
5. por para desde ahora
6. parada avenida tráfico estación

Unos minutos después, el detective va a ver al capitán Quesada. Es un militar muy distinto al sargento Cota. Quesada es delgado, con barba y, si el sargento miraba desafiante al detective Llera, el capitán Quesada nunca lo mira **de frente**. Después de las presentaciones, el detective **va al grano**:

de frente	*hier:* direkt, in die Augen
ir *irr* **al grano**	zur Sache kommen

—Usted tampoco estuvo en la reunión de oficiales.

—No. No estaba de acuerdo con la decisión que iban a tomar. Mi posición es igual a la del sargento Cota. Yo no podía firmar algo así —contesta el capitán Quesada—. Además, en mi caso, hay razones personales.

—¿Cuáles? —pregunta el detective.

—Si cierran el cuartel, tendré que irme de esta ciudad. Yo puedo, pero no vivo solo.

—¿Tiene familia?

—Soy soltero, pero vivo con mi madre. Mi padre murió hace

tiempo. Ella está ya muy mayor, está en **silla de ruedas**, y siempre dice que quiere morir en la casa donde ha vivido toda su vida. Para ella, cambiar de ciudad sería matarla —dice el capitán, en tono triste.

silla *f* **de ruedas**	Rollstuhl
traicionar	verraten
tener *irr* **lugar**	stattfinden

—Entiendo —dice el detective.

—No sé si lo entiende. Soy hijo único. Soy lo único que tiene. Ella depende de mí, y yo no puedo **traicionar**la.

—¿Qué hará usted entonces, si cierran el cuartel?

—No lo sé. La esperanza es lo último que se pierde, ¿no? —dice el militar, y sonríe por primera vez.

—¿Dónde estuvo esa tarde, mientras **tenía lugar** la reunión? —pregunta el detective.

—Estaba conduciendo —responde el capitán.

—¿Conduciendo? —pregunta sorprendido Llera.

Ejercicio 6: El presente. Lesen Sie weiter und setzen Sie die richtige Verbform ein! Achten Sie auf unregelmäßige Verben!

—Cuando me **1.** poner _*pongo*_ nervioso, para mí, conducir es lo mejor que puedo hacer. Lo **2.** hacer ________ a menudo. Me subo al coche y **3.** conducir ________ tres, cuatro, cinco horas. **4.** Ir ________ y **5.** volver ________ a Sevilla, a Salamanca, a Lisboa... Me **6.** relajar ________ mucho conducir. Me

7. ayudar ______________________ a **aclarar**me las ideas.

Esa tarde estaba bastante disgustado, así que fui hasta Zamora y volví. Lo hice en menos de cinco horas, pero esa noche llegué muy tarde a casa. Usted **8.** poder ______________ preguntar a mi madre.

—Gracias —dice el detective Llera—. Una última pregunta. ¿Está triste por la muerte del teniente Quejigo?

—No —responde el militar, para la sorpresa de Llera—. No estoy triste, pero tampoco alegre. Para nosotros, los militares, la muerte forma parte del oficio. He perdido amigos en el Líbano, o en un accidente de helicóptero, durante unas prácticas. El teniente Quejigo era un hombre **altivo** y tenía pocos amigos. Quizás por eso para él era fácil escribir ese informe. Pero su muerte seguramente no cambiará nada.

—Gracias de nuevo, capitán. Gracias por su **sinceridad** —dice el detective, y le da la mano para despedirse.

aclarar	klären
altivo	hochnäsig
sinceridad *f*	Ernst, Ehrlichkeit

3 Una mujer triste

Mientras conduce del cuartel militar a su casa, el detective piensa que este caso es difícil. Los compañeros del teniente Quejigo no eran sus amigos, pero ninguno de ellos le parece con motivos para asesinarlo. Quizás la versión oficial es la verdadera, y el militar se suicidó. Pero tiene que hacer todo lo posible por saber la verdad. Esa tarde, el detective continúa con su investigación. Elena le ha **prestado** las llaves de la casa de su padre. Antonio Llera quiere conocer la casa del teniente Quejigo, el lugar donde murió.

prestar	leihen
afueras *f pl*	Vorstadt
calvo	kahl, glatzköpfig
bigote *m*	Schnurrbart
vecino/a *m/f*	Nachbar/in

La casa del teniente está en la Mejostilla, un barrio a las **afueras** de la ciudad, no lejos del campus universitario. Es un chalet con un pequeño jardín, en una calle muy tranquila y vacía. El detective aparca junto al chalet y, cuando sale del coche, ve que un hombre algo mayor, **calvo** y con **bigote**, le mira fijamente desde la casa de al lado.

Ejercicio 7: Ordenar. Lesen Sie weiter und bringen Sie den Dialog in die richtige Reihenfolge!

a) — Sí, lo conocía muy bien. Además de mi **vecino**, era un amigo.

b) — ¿Vio llegar a alguien esa tarde?

c) — Buenas tardes, ¿puedo ayudarle en algo?

d) — Sí, soy detective. Estoy investigando la muerte del teniente Quejigo. ¿Lo conocía?

e) — Buenas tardes.

f) — ¿Estaba usted aquí la tarde de su muerte?

g) — Sí, estaba aquí, trabajando en mi jardín.

1	2	3	4	5	6	7

El vecino de la víctima se queda por unos segundos en silencio. Finalmente, **niega** con la cabeza.

—No, no vi a nadie.

—De acuerdo, gracias —dice el detective mientras entra en la casa.

negar *irr*	verneinen
reciente	neu
paisaje *m*	Landschaft
guante *m*	Handschuh
sospechoso	verdächtig

La casa de la víctima, aunque es grande, parece muy vacía. Pocos muebles, poca decoración, y pocas fotografías. En el salón, junto al televisor, hay dos fotos del teniente Francisco Quejigo con su hija Elena, una de niña. Los dos sonríen en un parque. Otra fotografía es más **reciente**. Están en un **paisaje** de montaña. No hay ninguna fotografía de la esposa de Quejigo, la madre de Elena.

El detective se pone unos **guantes** y entra en el despacho. En una silla de oficina, delante de una mesa, fue encontrado el cadáver del teniente. El detective sabe que la policía ya miró el ordenador y toda la casa, sin encontrar nada **sospechoso**.

Sobre la mesa hay una fotografía del teniente junto a una mujer. Ambos sonríen, parecen felices. Antonio Llera no sabe si era la esposa o su última pareja, Virginia. En la **papelera**, hay algo que le llama la atención: un **folleto** de una joyería. El detective lo saca de la papelera y ve que hay un precio subrayado con **rotulador** rojo. Es un **anillo de compromiso**, bastante caro. ¿Pensaba el teniente pedir matrimonio a Virginia? Eso no **encaja** con el suicidio. Está claro: tiene que hablar con ella.

papelera *f*	Papierkorb
folleto *m*	Broschüre
rotulador *m*	Filzstift
anillo *m* **de compromiso**	Verlobungsring
encajar	zusammenpassen

Ejercicio 8: Tiendas. Leiten Sie die entsprechenden Namen für Läden und Geschäfte ab!

1. joya *joyería*

2. carne ____________

3. pescado ____________

4. fruta ____________

5. libros ____________

6. herramientas ____________

7. pan ____________

Dos horas más tarde, Antonio Llera camina por la parte antigua de la ciudad. El centro medieval de Cáceres es Patrimonio de la Humanidad y, sin duda, esa parte de la ciudad le gusta más que el barrio de la Mejostilla. El detective pasa junto a la Iglesia de San Juan, y llega a la plaza Mayor, desde donde ve la torre Bujaco y las antiguas **murallas** de la ciudad. Muy cerca, en la plaza de la Audiencia, junto al antiguo **Juzgado**, está la casa de Virginia Reyes, con quien ha quedado a las siete. El detective respira profundamente antes de llamar al timbre.

—¿Sí?

—Soy Antonio Llera, el detective.

—Entre, por favor.

Virginia, la pareja de la víctima, es una mujer de unos cuarenta años, delgada y elegante, con una larga **melena** negra. Pero en su cara, el detective ve el **sufrimiento**.

—Señora Reyes, **mi más sentido pésame**. Sé que usted y la víctima tenían una relación...

muralla *f*	(Stadt-)Mauer
juzgado *m*	Gericht
melena *f*	Mähne, lange Haare
sufrimiento *m*	Leiden
mi más sentido pésame	herzliches Beileid
cortina *f*	Vorhang
atropellar	überfahren
conmovido	berührt
criar	erziehen
enfermera *f*	Krankenschwester

—Puede llamarme Virginia, detective —dice ella.

El detective observa la casa. Todo en el salón le parece triste. Colores oscuros, como el vestido de Virginia, y **cortinas** que casi no dejan pasar la luz. El detective mira algunas fotos.

—¿Es su hijo? —pregunta, y señala una fotografía donde Virginia sonríe junto a un muchacho, los dos en una playa.

—Era mi hijo, sí —corrige, y a continuación explica—. Murió en un accidente de tráfico. Bueno, en realidad, un coche lo **atropelló**. Él iba en bicicleta, volvía de jugar al fútbol. Le gustaba mucho el deporte... —dice, con lágrimas en los ojos.

—Lo... siento mucho... —dice el detective, **conmovido**—. No lo sabía...

—He tenido siempre mala suerte, detective. El padre de mi hijo nos abandonó cuando mi niño, Samuel, tenía tres años.

Lo **crié** yo sola, como madre soltera. Era lo único que tenía, y lo perdí cuando tenía quince años. Un chico tan bueno... Y ahora, después de tanto tiempo sola, cuando había conocido a un hombre bueno, como Paco...
—Tengo que preguntar esto. ¿Qué hizo usted la noche de su muerte?
—Estaba en el hospital. Soy **enfermera**, y tenía guardia toda la noche. Hablé con él por teléfono. Me pareció triste pero, ¿cómo iba a saber? Y luego esa nota escrita, "Perdóname". No sé si era para mí... —dice Virginia, y empieza de nuevo a llorar.
—Sé que esto es muy duro para usted. Quiero preguntarle una última cosa: en el despacho del teniente había un folleto de una joyería. El teniente había subrayado el precio de un anillo de compromiso. ¿Ustedes habían hablado de matrimonio?
Virginia deja de llorar, y mira al detective con la boca abierta.
—No... Llevábamos solo unos meses juntos pero... Yo sí quería, tarde o temprano.
—¿Usted cree que su muerte fue un suicidio?
—Yo no creo nada, detective —dice muy seria—. Lo que dijo la policía es que sí. Descubrir la verdad es el trabajo de la policía y de usted.

Ejercicio 9: Adjetivos. Übersetzen Sie und ergänzen Sie die Gegenteile!

1. traurig *triste* ______ *alegre* ______

2. freundlich ______ ______

3. leer ______ ______

4. teuer ______ ______

5. jung ______ ______

4 Mentiras

Esa noche, como siempre que tiene un caso sin **resolver**, el detective no puede dormir. Dos de los sospechosos tienen buenas coartadas. Seguro que la madre del capitán Quesada dice lo que él quiere, pero hay otra manera de **comprobar** su coartada.

Aunque son las doce de la noche, el detective llama a su amigo Fernando Cid que trabaja en la Dirección General de Tráfico.

resolver *irr*	lösen
comprobar *irr*	überprüfen
matrícula *f*	Kennzeichen
grabación *f*	Aufnahme
temprano	früh
recepcionista *m/f*	Empfangsdame, Empfangschef

—Necesito pedirte un favor. Bueno, en realidad, dos —le dice.

—Y a estas horas... Debe ser algo importante.

—Sí, te invitaré a una buena cena...

—O a unas copas. Dime.

—Lo primero, el modelo de coche y la **matrícula** de César Quesada Galán.

—Eso es fácil.

—Sé que en la autopista A-66, cerca de Béjar, hay una cámara. ¿Puedes comprobar las **grabaciones** del 26 de agosto, entre las nueve de la noche y las dos de la madrugada?

—Eso puede ser más difícil. ¿Quieres saber si pasó ese coche, verdad?

—Eso es. Muchas gracias, Fernando.

Cuando entra en la habitación, la esposa del detective ya está

dormida. Teresa es profesora de instituto y tiene que levantarse **temprano**. Antonio Llera se acuesta e intenta dormir, pero no puede. Piensa en el otro sospechoso, el sargento José María Cota, tan seguro de sí mismo. También tiene una buena coartada. Su esposa por la noche y, por la tarde, su amigo del gimnasio.
—¿Qué pasa? ¿Por qué no duermes? —le pregunta Teresa, a la que ha despertado.
Cuando su marido le explica sus dudas sobre el caso, Teresa dice simplemente:
—Creo que es mejor no preguntar a ese monitor amigo suyo. Como es su amigo, no va a decir nada malo del sargento. ¡Mejor pregunta a la **recepcionista** del gimnasio! Cada socio al entrar tiene que pasar su tarjeta y queda registrado.
El detective se sorprende porque no ha pensado en esa posibilidad.
—¡Gracias, Teresa! Te debo una cena. A veces pienso que tú podrías ser mejor detective que yo...
—Prefiero seguir como profesora —dice ella, y se ríe—. En cuanto a la cena, te tomo la palabra, pero de momento solo quiero dormir...
A la mañana siguiente, el detective va al gimnasio Sottoterra. Cuando pregunta a la recepcionista por los datos de entrada de José María Cota Cercas, esta[i] al principio no quiere colaborar, pero un comentario del detective le hace cambiar de opinión.
—He oído que algunos monitores están trabajando aquí sin contrato, tengo un amigo en la inspección de trabajo...

> Bis vor Kurzem wurden **ese / esa**, **este / esta**, **aquel / aquella** als Begleiter eines Substantivs (z. B. **esta persona**) ohne Akzent, als Pronomen (z.B. **esta no quiere colaborar**) jedoch mit Akzent geschrieben. Seit der Rechtschreibreform von 2010 empfiehlt die Real Academia, diese Wörter immer ohne Akzent zu schreiben. Wie bei der neuen deutschen Rechtschreibung wird auch im Spanischen die alte Regel nach wie vor häufig verwendet, u. a. auch von renommierten Schriftstellern.

Ejercicio 10: Sopa de letras. **Finden Sie fünf Berufe!**

P	U	R	R	A	T	O	M	D
R	E	A	V	T	E	M	E	E
O	F	A	L	I	N	I	D	T
F	A	G	R	O	I	N	I	E
E	S	M	O	X	E	I	C	C
S	A	R	G	E	N	T	O	T
O	M	I	G	O	T	A	Z	I
R	A	B	I	T	E	B	O	V
A	M	O	N	I	T	O	R	E

—De acuerdo, voy a consultar los datos del señor Cota —dice la chica, algo **asustada**—. ¿Qué día ha dicho?

—El 26 de agosto, por la tarde —responde Llera.

—No, ese día no estuvo. El 27 sí, y el 29...

—Gracias, muy amable. Por cierto, puede decir a sus jefes que todo trabajador debe tener un contrato. Usted seguro que lo tiene, o eso espero... —comenta el detective con una sonrisa irónica.

Está claro que tiene que volver a hablar con el sargento Cota, pero aún es temprano y seguramente él está en el cuartel. El detective decide dar un largo paseo hasta el parque del Príncipe, **respirando** el aire fresco. Media hora después, cuando está sentado en un banco, leyendo el periódico, recibe un

mensaje de whatsapp de Fernando Cid:
"Aquí está tu amigo".
Junto al mensaje, una fotografía de un coche negro, un Audi A-4, con la hora: una y diez de la madrugada.
El detective Llera escribe un mensaje:
"Muchas gracias, Fernando. Te **debo** una cena".

asustado	erschrocken
respirar	atmen
deber	*hier:* schulden
emoticón *m*	Emoji
maquillado	geschminkt
vestido *m* **de noche**	Abendkleid
trofeo *m*	Trophäe
chándal *m*	Sportanzug

"Una cena y dos o tres copas", le contesta su amigo, con varios **emoticonos** sonrientes.
Parece que el capitán Quesada había dicho la verdad con su coartada. Pero no el sargento Cota.

Esa noche, el detective Llera tiene una cita de nuevo con el sargento Cota. El sargento vive en una bonita casa con jardín en el barrio de la Sierrilla.
Abre la puerta una mujer muy atractiva y muy **maquillada**, con un **vestido de noche**.
—¡Hola! ¿Usted es el detective? Soy Sonia, la mujer de José María. Entre[i], por favor.
El detective entra en un salón adornado con muchos **trofeos** deportivos e imágenes militares. El sargento Cota, vestido con un **chándal**, está sentado frente al televisor.
—Buenas noches, detective. No esperaba verlo otra vez. ¿Ha descubierto algo nuevo? —pregunta el sargento Cota, mirando fijamente a Llera.

i Der Imperativ der 3. Person Singular endet bei regelmäßigen Verben auf **-ar** auf **-e** (**entrar** → **entre**) und bei Verben auf **-er** und **-ir** auf **-a** (**correr** → **corra**, **vivir** → **viva**).

Ejercicio 11: Indefinido. **Lesen Sie weiter und setzen Sie die Verben in die passende Form im Indefinido!**

—Buenas noches, sargento. Sí, **1.** descubrir ______________ que usted no **2.** estar ______________ en el gimnasio la tarde en la que **3.** morir ______________ el teniente Quejigo.

—¿Cómo? ¿ **4.** Hablar - usted ______________ con Manu Carranza?

—No, pero **5.** mirar ______________ en el sistema informático, y usted no está...

—¡Pues es un error informático entonces! ¿Me está llamando mentiroso? —pregunta muy enfadado el sargento Cota.

—Yo solo digo que...

—Si tiene alguna **prueba** contra mí, puede venir la policía. No voy a hablar con un detective privado incompetente. ¡Y ahora fuera de mi casa! ¡Fuera! —grita el sargento Cota.

Antonio Llera sale rápidamente de la casa y camina rápido hacia su coche. De repente oye el sonido de unos **tacones**.

prueba *f*	Beweis
tacón *m*	Absatz

—¡Por favor, espere, señor detective! —pide Sonia, que llega corriendo—. Le pido perdón por mi marido. Es un hombre con un fuerte carácter y muy buen militar, pero los argumentos no son lo suyo. Pero él no tiene nada que ver con la muerte de Quejigo.

estar *irr* **de guardia**	(im Krankenhaus) Bereitschaftsdienst haben
rabia *f*	Wut

—Entonces, ¿por qué me ha mentido sobre el gimnasio?

—No lo sé, no sé dónde estuvo, pero para un militar como él es impensable disparar a un superior —dice Sonia, luego queda un momento en silencio y le pregunta—. ¿Ha hablado con Virginia?

—Sí, he hablado con la pareja del teniente Quejigo, ¿por qué? ¿La conoce? —pregunta el detective sorprendido.

—Claro, ella es enfermera, como yo, las dos trabajamos en el hospital San Pedro de Alcántara. Yo **estaba de guardia** esa noche, por eso no sé dónde estuvo mi marido. Espero que no con otra mujer... —dice con **rabia**—. Pero Virginia también estaba de guardia, y se fue.

—¿Se fue? ¿Dónde?

—Me dijo que tenía que hacer una llamada importante, pero tardó dos horas en volver. Y cuando miré por la ventana, su coche no estaba.

—¿Qué quiere decir?

—Pues que quizás ella estuvo con el teniente Quejigo esa noche. Que quizás rompió con él y por eso él se suicidó. No lo sé. Pero ella estaba muy rara esa noche.

5 Secretos dolorosos

Al día siguiente, Antonio Llera decide volver a la Mejostilla. Esa tarde aparca junto a la casa donde vivía el teniente Quejigo. Espera tener suerte, y encontrar al vecino, aquel hombre calvo y con bigote, que le parece que oculta algo.

El detective sonríe cuando lo ve en el jardín, con el **cortacésped**.

—Buenas tardes —dice cuando lo ve el vecino, con cara de sorpresa—. ¿Necesita algo?

—Buenas tardes. El otro día no me dijo su nombre...

—¿Para qué lo quiere saber?

—Yo le dije el mío, Antonio Llera. Y tranquilo, usted no está en la lista de sospechosos. Solo quiero hacerle una pregunta.

—Me llamo Manuel Pintado. ¿Qué pregunta es esa?

—La misma del otro día. ¿Vio usted entrar a alguien en la casa del teniente Quejigo en la tarde o noche de su muerte?

—Ya le he dicho que no...

—Quizás tiene usted mala memoria. Por favor, haga un esfuerzo. Ya sabe usted que el **encubrimiento** es **delito**.

—Bueno, yo... —dice Manuel Pintado algo nervioso.

—Le ayudaré. Dígame solo sí, o no. ¿Vio a Virginia Reyes entrar en la casa?

doloroso	schmerzhaft
cortacésped *m*	Rasenmäher
encubrimiento *m*	Verdunkelung, Verheimlichung
delito *m*	Straftat

—Sí, la vi. La verdad es que oí llegar un coche, miré por la ventana, y era ella. Pero ella no tiene nada que ver con la muerte del teniente.
—¿Por qué está tan seguro?
—La policía dijo que fue un suicidio, y había una carta de despedida, ¿no? Además Virginia es una buena persona, yo la conozco...
—¿Conoce bien a la pareja de la víctima? —pregunta el detective, algo sorprendido.
—Bueno, no tanto, para mí era sobre todo la pareja de Paco pero, insisto, es una buena persona. Estuve en su casa para darle el pésame, y ella estaba destrozada.
El detective queda pensativo, duda si preguntar algo más pero finalmente piensa que ya tiene suficiente información.
—Seguramente, como usted dice, Virginia no tiene nada que ver con la muerte del teniente pero, ya sabe, tengo que comprobar todas las pistas...
—Claro, claro —dice Manuel Pintado, algo más tranquilo— pero, ¿puedo pedirle un favor?
—Depende —dice el detective.
—Si no le importa, no diga a Virginia que ha hablado conmigo sobre ella, ¿de acuerdo?
—No se preocupe. Gracias por su ayuda, y disculpe las molestias —dice Antonio Llera, mientras vuelve a su coche.
Cuando el detective vuelve a su casa, la encuentra vacía, pues su mujer está trabajando en el instituto. Antonio Llera enciende el ordenador y pone música clásica para poder pensar con claridad. Después, marca el número del teléfono móvil de Virginia Reyes.
—¿Diga? —pregunta la voz de Virginia. El detective oye ruido de fondo y supone que está en el hospital.
—Buenos días, señora Reyes. Soy el detective Antonio Llera...

Ejercicio 12: Vocabulario. Ordnen Sie dem Verb das passende Substantiv zu!

1. ☐ tener	a) un delito
2. ☐ ponerse	b) un periódico
3. ☐ aparcar	c) una llamada
4. ☐ escribir	d) un vestido
5. ☐ hacer	e) una cita
6. ☐ leer	f) un informe
7. ☐ cometer	g) un coche

—Buenos días, detective —la voz de Virginia suena de repente algo nerviosa—. ¿Pasa algo? ¿Hay alguna novedad sobre el caso?
—Todavía no, pero hay alguna pista nueva... Creo que está usted en el trabajo. ¿Podemos hablar en su casa más tarde?
Virginia tarda antes de contestar y cuando lo hace, su voz suena cansada, agotada.
—Claro, señor Llera. Pero aún me quedan muchas horas de trabajo, en el hospital. ¿A las diez de la noche le parece demasiado tarde?
—No, está bien, sin problema. Allí estaré.
—De acuerdo, hasta luego —se despide Virginia Reyes en tono serio.
Esa noche, el detective visita de nuevo a Virginia, cuando ella ha terminado su **turno de trabajo**. Desde el principio, parece bastante nerviosa.

turno *m* **de trabajo**	(Arbeits-) Schicht

Ejercicio 13: El gerundio. Setzen Sie die folgenden Verben ins Gerundium! Achten Sie auf die unregelmässigen Verben!

1. hablar *hablando*
2. buscar ____________________
3. ver ____________________
4. ser ____________________
5. estar ____________________
6. creer ____________________
7. decir ____________________
8. ir ____________________
9. trabajar ____________________

—Buenas noches, detective. ¿Ha descubierto algo? Me sorprendió su llamada, yo ya le dije todo lo que sé. Me gustaría descansar, he tenido un día duro de trabajo.
—No la molestaré mucho tiempo, señora Reyes. El otro día no le pregunté. ¿Fue detenido el culpable de atropellar a su hijo?
El detective nota que esa pregunta pone muy **tensa** a Virginia.
—No. Ese asesino lo atropelló y huyó, sin intentar ayudarlo...
—¿Dónde fue el accidente?
—En la carretera de la Sierrilla, cerca del **desvío** de la autopista a Salamanca. Mi hijo venía de jugar un partido de fútbol. Era ya de noche, pero su bicicleta tenía luz... Fue culpa de ese conductor, de ese asesino...

tenso	gespannt
desvío *m*	Umleitung

—Perdone la pregunta pero, ¿hubo una autopsia? Muchas veces ayuda a encontrar al culpable.

—Sí, la hubo. El **forense** dijo que había sido un coche grande, que iba a mucha velocidad. Por esa carretera está prohibido ir a más de cincuenta kilómetros por hora.

forense *m*	Rechtsmediziner
presentimiento *m*	Vorahnung

El detective queda un momento en silencio. Cuando venía a la casa de Virginia ya tenía un **presentimiento**. Que la muerte de su hijo y la muerte de su compañero estaban relacionadas de alguna forma. Pero aún no sabe de qué forma.

Ejercicio 14: Formar frases. Bringen Sie die Wörter in die richtige Reihenfolge!

1. entrar vio Pintado Virginia Manuel a

____

2. guardia Virginia la estaba enfermera de

____

3. fue Samuel cuando iba atropellado bicicleta en

____

4. Virginia Quejigo casarse teniente el con querían

____

—No me dijo la verdad. La noche en la que murió el teniente Quejigo, usted se fue del hospital, aunque tenía guardia. Y fue a la casa del teniente. Hay testigos.

—¿Qué quiere decir? —pregunta Virginia, a la que el detective ve cada vez más asustada.

—Quiero hacerle otra pregunta. El teniente Quejigo conocía al culpable, ¿verdad?

—¿Cómo lo sabe? —dice sorprendida Virginia—. Pero qué...

⚡ **hijo** *m* **de puta**	Hurensohn, Mistkerl
basado	gegründet
ocultar	verbergen, verheimlichen
callar	schweigen

—Y el culpable era el capitán Quesada, ¿verdad?

—¡Sí! ¡Ese **hijo de puta**! ¡Paco lo encubrió! Porque era un compañero de armas y porque, según él, tenía problemas psicológicos. Ese asesino, para tranquilizarse, conducía como un loco por las noches.

—¿Cómo pudo hacerlo? Quesada era su compañero, pero usted era su pareja, la mujer con la que quería casarse.

—No. Cuando mi hijo murió, cuando ese asesino lo mató, Paco no me conocía de nada. Fue después cuando me conoció. Él me buscó. Él quería conocer a la madre de la víctima. Creo que quería consolarme, porque se sentía culpable... ¡Pero es imposible consolar a una madre que ha perdido a su hijo!

—Usted sabe que él la amaba. Ese anillo...

—¡Un amor **basado** en una mentira! Me **ocultó** lo que me quitaba el sueño, saber quién mató a mi hijo. Él dormía a mi lado, mientras yo no podía dormir, y no me lo dijo hasta...

—Hasta que el teniente Quejigo supo que el capitán Quesada ya no iba a ser su compañero, que lo odiaba, y que él iba a empezar una nueva vida, seguramente en otro cuartel. Una nueva vida que quería empezar con usted, Virginia.

El detective **calla**, mientras Virginia llora sin consuelo.

—Yo tenía que haberme ido. Pero volví... Estaba furiosa y...

—Y en la casa de un militar siempre hay armas, ¿verdad?

—Yo sabía donde él guardaba esa pistola. Me había enseñado a utilizarla, por si alguna vez tenía que defenderme...

—Y usted regresó, con la pistola...

—Sí. Vi que estaba escribiendo. Pensé que escribía sus informes, que había empezado a trabajar de nuevo, porque pensaba que me había ido. Sentí de nuevo la rabia y... disparé. Después, cuando vi la hoja de papel, solo había una palabra, y supe que era para mí.

concluir *irr*	schlussfolgern

—"Perdóname", había escrito —**concluye** el detective.

Peligro en la uni

Ana López Toribio

1 El error

Es **hora punta**. El restaurante de la universidad está llenísimo. Julieta espera en la cola con la **bandeja** en la mano. Hoy hay tacos con pollo en el menú. Una vez que tiene la comida en la bandeja, busca con la **vista** un sitio para sentarse. Al fondo ve a una de las **compañeras** de otro departamento. A su lado hay un sitio libre.

peligro *m*	Gefahr
error *m*	Fehler
hora *f* **punta**	Stoßzeit
bandeja *f*	Tablett
vista *f*	Blick
compañero/a *m/f*	*hier:* Kollege/in
ϟ **¿Qué onda?**	Was geht ab?

—Buenas, Adriana.
—Hola, Julieta. ¿**Qué onda**?
—Bien, como siempre. ¿Y tú? ¿Cómo vas?
—Todo bien —dice Adriana sonriendo— Ahorita tenemos mucho trabajo, pues una compañera está enferma.
—Ah, entiendo.
—¿Y vuestro departamento?
—Ya, algo más relajado.
—¿Cuánto tiempo llevas acá trabajando?
Julieta sonríe, ahora ya es una de las veteranas.
—Más de veinte años. Bastante tiempo.
—Sí, mucho.
Julieta piensa un momento en su departamento.
—Cambió mucho todo acá en este tiempo.
—Por supuesto.
—Pero el trabajo en sí es el mismo —continúa con una sonri-

sa — A mí siempre me gustó la astronomía, así que para mí no es un trabajo duro.
—¿Cuándo empezaste a interesarte por la astronomía?
—De bien chiquita, tenía ocho años...
—¿Tan chiquita?
—Sí —contesta Julieta entre **risas**— es **curioso**, ¿quieres saber cómo empezó todo?
—Sí.
—Pues era noviembre, mi padre me despertó en mitad de la noche para enseñarme una **estrella fugaz**.
—¿Y la viste?
—Sí, había muchas y eso **me asombró** muchísimo, me pareció tan mágico que desde entonces me empecé a interesar por las estrellas, el universo, el sol ...
—Es fantástico. ¿Cuántos libros **has publicado** hasta ahora?
—No lo sé, he editado seguramente más de cuarenta.
—Vaya, son muchos.
—Sí, tienes razón. La verdad es que siempre hay temas interesantes sobre los que **investigar**.
Poco a poco finalizan la comida y Julieta vuelve a su trabajo. En la puerta está el nombre de su jefe: "Doctor Elías Díaz Juárez, director del Departamento de Astronomía de la universidad de Guajanato". Debajo, una **placa** con su nombre y el de otras dos investigadoras. Julieta mete la **llave** en la **cerradura** y abre la puerta. No hay nadie, pero no le sorprende. En

risa *f*	Lachen
curioso	merkwürdig
estrella *f* **fugaz**	Sternschnuppe
asombrarse	in Erstaunen versetzen
publicar	veröffentlichen
investigar	forschen
placa *f*	*hier:* Schild
llave *f*	Schlüssel
cerradura *f*	Türschloss

Chica, chiquita kann „klein" oder „jung" bedeuten. Im Lateinamerika sind Diminutivformen auf **-ita** viel häufiger als in Spanien, z.B. auch **ahorita**.

los últimos meses, su jefe no ha venido habitualmente a la oficina. Julieta trabaja en su propio **despacho**, con **acceso** al laboratorio. Ahora está terminando una investigación sobre la **radiación solar**. Lleva dos años con este tema y ya casi lo tiene listo.

Ejercicio 1: Letras desordenadas. Bringen Sie die Buchstaben in die richtige Reihenfolge!

1. llsetrae ____________________
2. bneovimre ____________________
3. taajrob ____________________
4. riblo ____________________

Por la tarde, después de acabar la **jornada**, Julieta queda con su amiga Lucía. Tienen entradas para el teatro. Lucía la espera en la puerta de la universidad.

—Hola Julieta, qué alegría, ¿cómo estás?

—Bien, bien. ¿Y tú?

—Todo bien. Podemos ir a comer algo antes de la obra de teatro.

—Sí, vamos a la **fonda** que está en la plaza. Allá preparan unas enchiladas exquisitas— propone Julieta.

Pasan una cena agradable entre risas y **charlas**.

Después del teatro pasean por las calles del centro histórico.

despacho *m*	*hier:* Büro
acceso *m*	Zugang
radiación *f* **solar**	Sonnenstrahlung
jornada *f*	Arbeitstag
fonda *f*	Lokal, Wirtshaus
charla *f*	*hier:* Plauderei

Sus puentes y **callejones** la hacen una ciudad curiosa y **colorida**.

Pasan al lado del Callejón del Beso[i]. Como siempre encuentran turistas que hacen fotos.

callejón *m*	Gasse
colorido	farbig
reducirse *irr* **a**	sich reduzieren auf
mandar	*hier:* befehlen; schicken
como de costumbre	wie gewöhnlich

—Es increíble esta historia.

—Al final **se reduce a** algo turístico.

—Ya, el final de la historia es naturalmente horrible. Sobre todo la idea de que un hombre puede **mandar** sobre la vida de una mujer.

Julieta y Lucía siguen paseando por la ciudad donde crecieron.

Die enge Gasse ist bei Touristen in Guajanato ein Muss! Der Legende nach durften sich die beiden Liebenden Carlos und Ana nicht treffen, da der Vater die junge Frau mit einem Reichen verheiraten wollte.
Um seine Geliebte dennoch sehen zu können, kaufte Carlos das gegenüberliegende Haus. So konnten sie sich weiterhin treffen, bis Anas Vater sie erwischte und seine Tochter umbrachte. Carlos konnte seiner geliebten Ana nur noch – von Balkon zu Balkon – einen Handkuss geben. So kam die inzwischen berühmte Gasse zu ihrem Namen.

A la mañana siguiente, Julieta va a la universidad **como de costumbre**. De momento, está sola en el departamento. Su jefe y sus compañeras llegan normalmente más tarde.

Julieta le da un último repaso a su investigación. El título le gusta como está: "Fenómenos en la ionosfera".

En este documento presenta varios fenómenos que se producen en la ionosfera, la capa más alta de la atmósfera, en la que tiene lugar la telecomunicación por las condiciones físicas que allá hay.

Ejercicio 2: Preposiciones. Lesen Sie weiter und unterstreichen Sie die Präpositionen.

Tras leerlo por última vez, lo publica en el portal online del Departamento de Astronomía. Este portal existe desde hace poco y facilita que se puedan leer las investigaciones desde diferentes sitios del mundo. A veces hay errores técnicos y no consigue subirlo a la primera, como le pasa con esta investigación. Llama por teléfono al informático.

conseguir *irr*	schaffen
subir	*hier:* hochladen
apagar	ausschalten
comprobar *irr*	nachprüfen
descargar	herunterladen
enfadado	verärgert, sauer

—¿Puedes ayudarme? No **consigo subir** un archivo al portal online.
—Sí, hay un problema con el servidor.
—Ah, está bien. Lo voy a intentar más tarde.
Así lo hace Julieta. Dos horas más tarde consigue publicarlo. **Apaga** el ordenador y se va a casa.

Al día siguiente **comprueba** que la publicación está en el portal online. Cuando **descarga** el archivo y empieza a leerlo, se da cuenta de que hay varios errores.
—¿Y esto? —se pregunta sorprendida.
Julieta saca una carpeta con los documentos de su investigación. Compara los resultados con los de la versión online. Son diferentes.

—¿Cómo puede ser? Es la primera vez que veo algo así...—se dice a sí misma.

Nerviosa, imprime el documento y marca todos los errores. Por fin llega Elías, el jefe del departamento de Astronomía.

—Buenos días, Julieta.

—Buenos días —contesta ella en tono serio—. Necesito hablar contigo. Hay errores en mi última publicación.

—¿Errores? —pregunta él un poco escéptico.

—Sí, mira, acá está la publicación online y acá está mi investigación.

—¿Pero no la subiste tú misma a la plataforma?

—Sí... ¡Pero esa no es mi investigación! —dice Julieta **enfadada**.

—¿Cómo es posible? Está a tu nombre, mira, acá.

—Eso me pregunto yo también.

—Voy a ver qué podemos hacer.

—Está bien, gracias.

Ejercicio 3: Formar frases. Bilden Sie Sätze, indem Sie die Wörter in die richtige Reihenfolge bringen!

1. en | Hay | publicación. | errores | varios | la

   ______________________________________.

2. ayudarme | Puedes | esto | con

   ¿______________________________________?

3. lo | Julieta | puede | no | pasa. | creer | que

   ______________________________________.

4. llegan | Sabes | compañeras | mis | cuándo

   ¿______________________________________?

2 Una amenaza inesperada

Al día siguiente, en el departamento de Astronomía Julieta comprueba si hay algún cambio en su última investigación que publicó online.

—¡Nada! —dice **en voz alta** enfadada.

Se pregunta qué puede hacer. **Agarra** el teléfono. Marca el número del departamento de informática.

en voz alta	laut
agarrar *LAm*	nehmen
quitar	*hier:* entfernen
aliviado	erleichtert
interminable	unendlich
paciencia *f*	Geduld

—¿Bueno? —contestan al otro lado.

—Buenos días. Soy Julieta Valverde. Tengo un problema técnico con una publicación. Tenéis que **quitar**la de la plataforma online.

—Voy a ver...

—Ándale pues[i].

—¿Cuándo la publicaste?

—Antes de ayer.

—Acá está. La encontré.

Julieta suspira **aliviada**. Pero los segundos después se le hacen **interminables**.

—Ya veo —dice el informático al otro lado del teléfono.

—¿Qué ves? —pregunta Julieta con cada vez menos **paciencia**.

[i] Umgangssprachliche Wendungen unterscheiden sich oft von Land zu Land. So meldet man sich in Mexiko mit **¿Bueno?** anstelle des in Spanien üblichen **¿Sí?**, **¿Diga?** oder **¿Dígame?** Auch **Ándale** („na, los") hört man in Mexico häufig. **Ándale pues** ist die mexikanische Variante von **De acuerdo** („Einverstanden").

—Este tipo de publicación tiene un sistema cerrado. Es algo nuevo. En cualquier caso, yo no puedo hacer nada, no tengo el **código**.

Julieta no lo puede creer.

—¿Cómo? ¿Algo nuevo? ¿Desde cuándo?

—Desde hace unas semanas. Tiene que hacerlo el jefe del departamento.

—¡Pero si es mi publicación! ¿No entiendes? Esa publicación no es la correcta. Y el jefe del departamento ya lo sabe. ¡Tienes que bajarla ahorita mismo! —contesta Julieta enfadada.

código *m*	Code
incómodo	ungemütlich
indignado	empört
reputación *f*	Ruf
a fondo	gründlich
aparecer *irr*	*hier:* auftauchen
de prisa	schnell
saltar	springen
ϟ **un montón de**	unerhört viel
batería *f*	Akku

Un **incómodo** silencio se crea entre Julieta y el informático. Finalmente ella deja el teléfono **indignada**. Se trata de su trabajo, de su **reputación**.

—Está bien —piensa en voz alta—. Tengo que hablar con Elías.

Intenta llamar varias veces a su jefe, pero no consigue hablar con él. Mientras, estudia **a fondo** las dos versiones de las publicaciones.

Por fin **aparece** Elías por el departamento.

—Buenos días —dice él mientras entra **de prisa**.

Julieta casi **salta** de la silla cuando oye abrir la puerta.

—Por fin —dice ella directamente—. Te he llamado **un montón de** veces.

—Ah, sí, no tengo **batería**— contesta Elías mientras busca algo con nerviosismo—. ¿Qué hora es? Llego tarde...

—Está bien. Tenemos que solucionar el problema con mi publicación.

—Ahorita no tengo tiempo, tengo una **reunión** importante. Lo miramos juntos mañana.
Julieta quiere añadir algo, pero Elías está ya saliendo del despacho.
—¡**Pinche**! —dice Julieta, enfadada.

Ejercicio 4: Antónimos. **Welche Antonyme passen zusammen?**

1. ☐ enfadada	a) incorrecto
2. ☐ silencio	b) tranquila
3. ☐ nerviosismo	c) deprisa
4. ☐ correcto	d) calma
5. ☐ despacio	e) ruido

Decide hacer una pausa. Pronto es la hora de la comida. En la cafetería encuentra a Adriana, con quien habla de **lo ocurrido**.
—Mujer, ya se va a solucionar, no te preocupes.
—Eso espero.
Cuando vuelve al departamento, ve a sus compañeras allá. Están **ocupadas con** su trabajo. Julieta se sienta en su despacho. Mira hacia delante. Encima de la mesa hay una carta. Julieta la agarra. No tiene **remitente**. La abre. Desdobla el papel. Lee el mensaje escrito en él:

reunión *f*	Sitzung
ϟ **pinche**	*hier:* verdammt
decidir	entscheiden
lo ocurrido	das Geschehene
ocupado con	beschäftigt mit
remitente *m*	Absender

"**Ten cuidado con** lo que haces o **te** vas a **arrepentir**".
Julieta **no da crédito**. ¿Qué es esto?
—¿Es una **amenaza**? —se pregunta a sí misma—. ¿A mí? ¿Por qué? ¿Con qué tengo que tener cuidado?
Lo lee de nuevo. No sabe si reír o llorar. ¿Quién quiere amenazarla?

tener *irr* **cuidado con**	aufpassen
arrepentirse *irr*	bereuen
no dar *irr* **crédito**	*hier:* es nicht fassen können
amenaza *f*	Drohung
ocurrírsele	jdm. einfallen
correo *m*	Post
negación *f*	Verneinung
añadir	hinzufügen
desconcertado	verwirrt
sobre *m*	Briefumschlag

Lo primero que **se le ocurre** es preguntar a sus compañeras.
—¿Sabéis quién trajo el **correo** hoy?
Las dos mujeres levantan la vista un momento.
—¿Cómo? —pregunta una de ellas.
—¿Que si sabéis quién trajo el correo hoy?
Miran un momento en su despacho.
—Yo no tengo correo hoy. Por acá no vino nadie.
La otra compañera hace un gesto con la cabeza de **negación** y **añade**:
—Yo tampoco tengo nada.
—Está bien —dice Julieta y después cierra la puerta. Vuelve a su despacho. Está **desconcertada**. Intenta pensar con claridad. Agarra de nuevo la carta. Busca alguna pista, alguna información sobre quién puede ser el remitente. En el **sobre**, no hay nada irregular, solo está escrito su nombre:
"Dra. Julieta Valverde Fierro
Departamento de Astronomía
Universidad de Guajanato."
No entiende nada, pero se siente muy mal en esta situación.

—Por hoy es bastante —piensa **agobiada** mientras toma la carta y la mete en su bolso. En casa, intenta relajarse tomando un baño caliente. Sin embargo, esa noche no duerme bien. Está intranquila. No para de **darle vueltas al** sobre con la amenaza. ¿Quién puede estar detrás? ¿O es solo una broma de mal gusto?

> **Suficiente** und **bastante** bedeuten beide „genug," bzw. „ziemlich", doch sie werden unterschiedlich verwendet. Vor einem Substantiv sind sie austauschbar: **Tengo bastantes / suficientes libros para leer.** (Ich habe genug Bücher zum Lesen.)
> Vor einem Adjektiv benötigt **suficiente** meist die Endung **-mente**:
> **Está (lo) suficientemente cerca para verlo.** Es ist nah genug, um es zu sehen.

Al día siguiente se prepara un buen café **cargado**. Piensa en su jefe y en sus palabras.

—De hoy no pasa. Hoy vamos a solucionar el problema de la publicación —se dice a sí misma con la taza en la mano.

Llega a su trabajo con una mezcla de cansancio y nerviosismo en el cuerpo. Su jefe, como empieza a ser normal en los últimos días, no está en el despacho. Julieta decide hacer **tareas pendientes** hasta su llegada. Sin embargo, cada vez se pone más nerviosa durante la espera. Es ya mediodía y decide ir al despacho de Elías para ver si está. Llama a la puerta. La voz de Elías le responde al otro lado.

—¿Sí?

—Ah, no te he oído entrar —contesta Julieta sorprendida de verlo.

—Sí, dime, en qué te puedo ayudar —responde Elías sin levantar la vista del ordenador. Julieta se siente **un tanto** irritada por la pregunta, ¿cómo ha podido **olvidar**lo?

—Mi última publicación en la plataforma online… —dice Julieta.

—Sí, eso, no **te preocupes** —le interrumpe Elías.

—¿Como no me voy a preocupar? —pregunta Julieta enfadada—. ¿**Te imaginas** que te ocurre a ti? ¿Te pasas años para escribir una investigación y luego aparece con datos falsos?
—¿Pero estás segura? —pregunta él **incrédulo**.
—¡Claro que estoy segura! —contesta Julieta con voz muy alta.
Elías la mira sorprendido.
—Creo que tienes que relajarte un poco.
—Es verdad, ¿pero cómo? Solo me voy a relajar si solucionamos el problema.
—Está bien. Parece que es un error técnico, ¿no? ¿Por qué no hablas con el departamento de informática?
—Ya lo hice. Dicen que ahorita utilizan un nuevo sistema cerrado y para eso necesito tu ayuda.
Elías pone cara de no entender lo que dice Julieta.
—Está bien, Julieta... —dice Elías mientras coloca unos papeles. Su **celular** suena. —Ahorita tengo que irme. Discúlpame.
Julieta sale del despacho de Elías totalmente indignada. Se siente sola, pero es una mujer acostumbrada a buscar soluciones. **Inmediatamente** se pone en contacto con el **sindicato** de la universidad y cuenta su problema. Allá le **atiende** un hombre de mediana edad.
—No tenemos tanto acceso a los departamentos. Esta forma de proteger los documentos depende de cada departamento —dice el hombre del sindicato.

agobiado	bedrückt
darle *irr* **vueltas a**	über etw. grübeln
cargado	*hier:* sehr stark
tarea *f*	Aufgabe
pendiente	unerledigt
un tanto	etwas
olvidar	vergessen
preocuparse	sich Sorgen machen
imaginarse	sich vorstellen
incrédulo	ungläubig
celular *m LAm*	Handy
inmediatamente	sofort
sindicato *m*	Gewerkschaft
atender *irr*	bedienen

—Sí, pero esto es nuevo y yo no sabía nada de un código y que la única persona que lo puede cambiar es, en este caso, el jefe del departamento —responde Julieta impotente.
—Quizá lo que puedes hacer es presentar una **queja** formal.
—¿Y esa queja puede tener un efecto?
—Si la **aprueban**, puede abrirse una comisión especial para investigar el problema.
—¿Cuánto tiempo puede tardar?
El hombre mira hacia atrás, donde hay algunos archivadores en un armario y suspira.
—Está bien —responde Julieta. Sabe cómo funciona la burocracia en México—. ¿Cómo hago para presentar esa queja?
—Acá, puedes **rellenar** este formulario y presentarlo en la oficina central... —le explica el hombre. Julieta presenta el formulario sin mucha esperanza.

Ejercicio 5: Comprensión del texto. Welcher Satz ist korrekt? Kreuzen Sie an!

1. ☐ **a)** Julieta tiene un problema con una publicación online.
   ☐ **b)** Julieta tiene un problema con sus compañeras de trabajo.

2. ☐ **a)** Elías ayuda a Julieta a solucionar su problema.
   ☐ **b)** Elías no tiene tiempo de ayudar a Julieta.

3. ☐ **a)** Julieta recibe una carta con una felicitación.
   ☐ **b)** Julieta recibe una carta con una amenaza.

Vuelve a su trabajo. Allá comprueba de nuevo las publicaciones de su departamento. Bajo su nombre, la misma publicación. Nada ha cambiado. Se siente **desesperada** con la situa-

ción. Va al despacho de al lado donde están sus compañeras.
—¿Podemos hablar un momento? Quiero comentaros mi situación, quizá se os ocurre algo para ayudarme.
Julieta les comenta los errores de su publicación y la conversación con el sindicato.
—Es muy raro —dice Mariela, una de las compañeras.
—Sí, yo no he usado la nueva plataforma online aún. Ahora estamos trabajando en una investigación con el departamento de física. Van a publicarla desde su departamento, pero aún no está lista.

queja *f*	Beschwerde
aprobar *irr*	*hier:* annehmen
rellenar	ausfüllen
desesperado	verzweifelt
mantener *irr* **al tanto**	auf dem Laufenden halten
gasolina *f*	Benzin
gasolinera *f*	Tankstelle
tarjeta *f*	*hier:* Kreditkarte

—Creo que Elías es el único que te puede ayudar —comenta la otra compañera, Luisa.
—Lo siento —dice Mariela—. Nos puedes **mantener al tanto**, si hay algo en lo que te podemos ayudar...
—Gracias —responde Julieta—. A ver qué pasa con la queja.

En los siguientes días, Elías no aparece por el despacho. Julieta no está segura si está de vacaciones o está en reuniones. Ella no ha vuelto a dormir bien desde que recibió la carta con la amenaza, pero va a trabajar como siempre.
Hoy está lloviendo bastante. Así que Julieta decide ir en coche a la universidad. Hay mucho tráfico en la autopista. Se da cuenta de que no tiene mucha **gasolina** y para en una **gasolinera**.
—Lleno, por favor —dice a un trabajador de la gasolinera.
—Puede pasar a pagar.
—Gracias —dice Julieta. Agarra su bolso y se dirige a la caja. Dentro, paga con la **tarjeta** y regresa al coche. Cuando se sien-

ta dentro, se pregunta dónde está su celular. Busca en su bolso, pero no está. No se acuerda donde lo ha dejado la última vez que lo utilizó. Nerviosa, busca en el coche. **De repente** oye un **golpe** en la ventana del coche. Es el chico que le atendió.

—¡Señora, señora! —grita el chico.

Julieta mira un poco asustada a través del cristal. El chico tiene algo en la mano. Es su celular.

—¡Ah! —contesta aliviada. Abre la puerta.

—Parece que se le cayó. Ese hombre lo **recogió** —dice el joven señalando un jeep. Julieta mira buscando el hombre **al** que **se refiere** el joven.

—¿Qué hombre?

—Ah, ya se va. ¡Buen viaje! —dice el chico con una sonrisa.

—Adiós, gracias.

El jeep ya está **alejándose** de la gasolinera. Julieta consigue ver los últimos números de la **matrícula**: tres, cinco, seis.

—Qué raro —piensa Julieta. Agarra el celular, lo mira **extrañada**.

—Está bien —se dice a sí misma. Intenta relajarse. Sale de la gasolinera. La lluvia no para y ella **maneja atenta**. El tráfico es intenso. Tiene que tomar el próximo **desvío**. Pone el **intermitente** derecho y **frena** un poco para cambiar de **carril**. Mira por el **retrovisor**. Un jeep detrás de su coche. Se pregunta si es

de repente	plötzlich
golpe *m*	Schlag
recoger *irr*	aufheben
referirse *irr* **a**	meinen, sich beziehen auf
alejarse	entfernen
matrícula *f*	*hier:* Autokennzeichen
extrañado	erstaunt
manejar *LAm*	*hier:* fahren
atento	aufmerksam
desvío *m*	Abzweigung
intermitente *m*	Blinklicht
frenar	bremsen
carril *m*	*hier:* Spur
retrovisor *m*	Rückspiegel

el mismo coche. Mira la matrícula. Tres, cinco... En ese momento, Julieta siente un golpe muy fuerte desde atrás. Frena **inconsciente-mente**. Siente la fuerza del **impacto** e inevitablemente todo su cuerpo va hacia delante. Su cabeza choca **violentamente** contra el **volante**. Julieta pierde el control del coche que cada vez va más a la derecha del carril. Finalmente se apaga el motor y el coche se queda a un lado de la carretera. A lo lejos oye el jeep **acelerar** y el **ruido** de la lluvia contra el cristal.

inconscien-temente	unbewusst
impacto *m*	*hier:* Stoß, Schlag
violentamente	heftig
volante *m*	Lenkrad
acelerar	beschleunigen
ruido *m*	Geräusch

Ejercicio 6: Sopa de letras. Finden Sie im Gitterrätsel sechs Begriffe, die mit dem Thema Auto zu tun haben!

M	E	S	V	I	O	G	R
A	N	C	O	C	H	E	H
T	R	U	L	E	P	L	M
R	O	F	A	S	T	E	A
I	F	E	N	L	F	O	N
C	M	O	T	O	R	F	E
U	S	V	E	A	E	I	J
L	I	R	Z	P	N	U	A
A	P	L	U	I	O	J	R

3 Después del accidente

Julieta duerme en una cama en el hospital. Alguien llama a la puerta. Abre los ojos asustada. Entran tres mujeres.
—¿Cómo estás? —pregunta una de ellas.
Julieta **asiente** con la cabeza. Hace un gesto para pedir agua.
—Tenemos que hacer una **radiografía** más —dice la que parece ser la doctora mientras le da un vaso de agua.
Julieta está cansada y **dolorida**. Además se siente un poco **perdida**. No puede explicarse qué pasó, pero sabe que estaba manejando su coche y ahora está en el hospital. En las horas siguientes duerme bastante.

Ejercicio 7: Pronombres interrogativos. Fragen Sie jeweils nach dem unterstrichenen Satzteil!

1. Quiere pedir <u>un poco de agua</u>.

¿ ____ ?

2. Julieta va <u>hacia su trabajo</u>.

¿ ____ ?

3. Ahora está <u>en el hospital</u>.

¿ ____ ?

4. <u>Antes</u> manejaba su coche.

¿ ____ ?

Al día siguiente entra de nuevo la doctora.
—Hola, Julieta —le dice con voz **suave**.
Julieta intenta girar la cabeza, pero le cuesta mover el **cuello**.
—Hola —responde Julieta **con un hilo de voz**.
—Intenta relajarte —dice la doctora mientras se acerca a su cama—. Te pusimos algo contra el **dolor**.
Julieta mira hacia su brazo y ve que tiene una **vía**.
—Por suerte no tienes nada roto —continúa la doctora —, pero tuviste un accidente **tremendo** con el coche.
Julieta toma aire y la imagen de un jeep viene a su cabeza.
—No te preocupes. Ahora intenta descansar. En las radiografías hemos visto una vértebra un poco **dañada**. Tienes que tener mucho cuidado de no mover el cuello. Vas a estar un par de días **en observación**, pero después vas a poder hacer tu vida normal.
—Gracias —responde Julieta.

accidente *m*	Unfall
asentir *irr*	*hier:* nicken
radiografía *f*	Röntgenbild
dolorido	mit Schmerzen
perdido	verloren
suave	sanft
cuello *m*	Hals
con un hilo de voz	mit dünner Stimme
dolor *m*	Schmerz
vía *f*	*hier:* (intravenöser) Zugang
tremendo	schwer, heftig
dañado	verletzt
en observación *f*	unter Beobachtung
recuperarse	*hier:* sich erholen
abrazar	umarmen

Los días siguientes, Julieta **se recupera** lentamente. Su amiga Lucía la visita en el hospital.
—Ay, Julieta —dice mientras entra en la habitación.
Lucía se acerca a la cama, quiere **abrazar**la, pero Julieta parece tan delicada.

—¿Cómo estás, mi niña? —le pregunta Lucía mientras **acaricia** su mano.

acariciar	streicheln
mareado	schwindlig
táper *m*	Tupperdose
rato *m*	Weile
animado	*hier:* fröhlich, heiter
tener *irr* **razón** *f*	recht haben

—Hola, Lucía, qué bueno que viniste. Gracias —contesta Julieta—. Estoy algo mejor, pero todavía **mareada**.

—Bueno, poco a poco. ¿Estás comiendo bien? Mira, te traigo algo —dice Lucía mientras saca un **táper** de su bolso—. Acá tu comida preferida.

—No lo puedo creer, Lucía —dice Julieta sonriendo—. ¡Chilaquiles, mi comida favorita! ¡Gracias!

Las dos mujeres hablan un **rato** y Julieta empieza a sentirse más **animada** y con buen humor.

—¿Quieres hablar sobre lo que pasó? —pregunta Lucía insegura.

—Uf, Lucía, fue tan horrible.

—Ya me imagino.

—Pero creo que es necesario hablar sobre ello. Si no, es peor.

—**Tienes razón** —dice Lucía.

Chilaquiles werden mit Mais, Zwiebeln, Milch, Käse und Ei oder Hühnerfleisch zubereitet. Auch in vielen anderen mexikanischen Gerichten wie **Tamales**, **Enchiladas**, **Tacos** oder **Quesadillas** ist Mais unverzichtbar, der bei den Maya als heilige Pflanze galt.

—A ver, lo que recuerdo es que estaba lloviendo y había mucho tráfico. Iba a la universidad y me tenía que desviar. Puse el intermitente y de repente sentí un golpe muy violento.

Julieta se interrumpe un momento. Le viene a la cabeza la imagen de un jeep.

—Espera... ¿Qué estaba diciendo? —pregunta a Lucía.

ausente	abwesend
informe *m*	Bericht

—Que sentiste un golpe muy fuerte.

—Sí, Lucía, vi ese coche, un jeep —Julieta se queda un momento como **ausente** y luego continúa hablando— tres, cinco, seis.

Lucía no entiende lo que dice su amiga.

—¿Viste un coche? ¿Un jeep?

—Sí, exactamente. Con esa matrícula: tres, cinco, seis.

—¿Y fue quien te dio el golpe?

—¡Sí, estaba detrás de mí! Pero un momento...

—¿Qué pasa?

—Lucía, están pasando cosas muy raras. Ese jeep, lo vi antes, en una gasolinera. Y mi celular... Lo perdí y el chico de la gasolinera me dijo que el hombre del jeep lo encontró y se lo dio.

—¿Era el mismo jeep que el del accidente?

—Creo que sí. La matrícula acababa en tres, cinco, seis. De eso me acuerdo.

—¿No hay un **informe** de la policía?

—Sí, pero nadie vio la matrícula del jeep, se fue tan deprisa como pudo. Pero eso no es todo. En la universidad también están pasando cosas extrañas —dice Julieta y mira nerviosa hacia la puerta.

—Tranquila, estamos solas —le dice Lucía.

—Recibí una carta con una amenaza —dice Julieta en voz baja.

—¿Cómo? ¿De quién?

—No lo sé —Julieta hace un gesto con los hombros.

—No lo puedo creer, Julieta —dice Lucía y tapa su boca con la mano.

—Yo misma no me lo explico. Además tengo problemas en el departamento. Han falseado una de mis publicaciones.

> Die Redewendungen **ser un sol** oder **ser un cielo** drücken Zuneigung und Dankbarkeit aus: **Mi hijo es un cielo / sol.** Mein Kind ist ein Sonnenschein. **Estar en las nubes** hingegen bedeutet „nicht bei der Sache sein": **Concéntrate, estás en las nubes.** Konzentriere dich mal, du bist geistesabwesend.

—Pero, Julieta, ¡tenemos que hacer algo!
—Sí, ¿pero qué? Ya intenté hablar con mi jefe y nada.
—Espera, se me ocurre... Yo no sé, no estoy muy al tanto de la tecnología, pero el otro día vi algo de una **ciberinvestigadora** o algo así en una red social —comenta Lucía y saca su celular.
Julieta espera con **curiosidad**.
—Mira, esto —le dice su amiga mientras le enseña algo en el celular—. Especialista en ciberataques. Detective privada. Emma Gutiérrez.
—Ah, quizá no es mala idea llamarla. Me puede ayudar a solucionar el problema de la publicación online.
—Sí, pues, ándale, te escribo su teléfono en este papel.
—Gracias, Lucía, eres un sol[i].
—Ahora me tengo que ir.
—Está bien, Lucía, muchas gracias por la visita.
Se despiden con un abrazo.

Ejercicio 8: Corrección. Lesen Sie weiter und korrigieren Sie die fünf Fehler im Text!

Julieta paza un par de días en el hospital asta que le **dan el alta médica**. Volve a su casa. Allá no se sente segura. Saca de su bolsillo un papel con el teléfono de la detective. Lo mira **dudosa**. Finalmente dezide marcar el número.

—¿Bueno?

—Hola, buenas tardes. ¿Hablo con Emma Gutiérrez?

—Sí, soy yo.

Julieta no sabe por dónde empezar.

—Una amiga me ha dado su número. Es una historia un poco larga, ¿podemos encontrarnos en algún lugar?

ciberinvestigador/a	Cyberermittler/in
curiosidad *f*	Neugier
dar *irr* **el alta** *f* **médica**	gesundschreiben
dudoso	zweifelnd
ranchera *f*	mexikanisches Volkslied

—Sí, claro. ¿Qué tal mañana por la mañana? ¿Puedes venir a la oficina? Te mando la dirección en un mensaje.

—Perfecto. Gracias. Hasta mañana.

Julieta cuelga. Deja el celular encima de la mesa y apoya su espalda en el sofá. Pensativamente, se queda mirando el papel con el número de teléfono.

—¿Quién quiere hacerme daño? —piensa Julieta—. Si el accidente, la amenaza y la falsa publicación están relacionados, tiene que ser alguien del trabajo.

Al día siguiente, va en transporte público a la oficina de la detective. Se para delante de un edificio alto con muchas oficinas. Se acerca a la puerta, al lado hay varias placas. Entre ellas, una con el nombre de la detective. Empuja la puerta y ve a una mujer joven, sentada en un despacho. Julieta mira alrededor. Suena una **ranchera** en la radio.

—Hola —saluda Julieta a la mujer.

—Buenos días —responde ella.

—Mi nombre es Julieta, hablamos ayer por teléfono.

—Sí, pasa, toma asiento.

—Gracias.

Julieta le cuenta sobre su publicación en la universidad, la carta con la amenaza y el accidente con el jeep. Emma toma nota de todo.

relacionado con	im Zusammenhang mit
peligro *m*	Gefahr
puesto *m* **de trabajo** *m*	Arbeitsplatz
proponer *irr*	vorschlagen
contraseña *f*	Passwort
sin aliento *m*	atemlos
devolver *irr*	*hier:* zurückgeben

—¿Quién crees que puede ser? —pregunta Emma.
—Creo que alguien del trabajo o **relacionado con** él.
—¿Has tenido problemas con alguien últimamente?
—No directamente, pero mi reputación como investigadora está en **peligro**. Llevo muchos años en la universidad y esa publicación con errores me puede costar mi **puesto de trabajo**.
—Está bien, te **propongo** ir a la universidad. Allá veremos.
—Sí, claro, vamos para allá.

En la universidad, Julieta le indica dónde puede aparcar. Suben al departamento de astronomía.
—Ahora es raro estar aquí. No he vuelto desde el accidente —comenta Julieta por el camino.
—Normal, después de todo lo que te ha pasado...
Cuando llegan, el departamento está vacío. Julieta se sienta delante de su ordenador. Abre la página para entrar en el correo de la universidad. Aparece un error.
—Algo así no me pasó nunca —comenta Julieta extrañada.
—Espera un momento. Inténtalo ahora —le indica Emma.
Julieta vuelve a intentarlo. Escribe su **contraseña**. Nada.
—Creo que te han hackeado la cuenta de correo.
—¿En serio? ¿Cómo?
—No lo sé.
—Espera —dice Julieta casi **sin aliento**—. Antes del accidente, paré en una gasolinera y al volver al coche no encontraba

mi celular. El chico de la gasolinera me lo **devolvió** y me dijo algo de que un hombre en un jeep se lo había dado.
—Quizá hackeó la cuenta desde tu celular.
—Sí, seguramente.
De repente, la puerta del departamento se abre y aparece una de sus compañeras. Las tres mujeres se quedan un momento en silencio.

Ejercicio 9: ¿Correcto o falso? Welcher Satz ist grammatikalisch korrekt? Kreuzen Sie an!

1. ❒ **a)** Julieta le cuenta de lo que ha pasado.
   ❒ **b)** Julieta le cuenta sobre lo que ha pasado.
2. ❒ **a)** Hablamos ayer por teléfono.
   ❒ **b)** Vamos a hablar ayer por teléfono.
3. ❒ **a)** No he volto a la universidad desde entonces.
   ❒ **b)** No he vuelto a la universidad desde entonces.
4. ❒ **a)** El chico le dio el celular.
   ❒ **b)** El chico lo dio el celular.

—Hola, Mariela —dice finalmente Julieta.
—Hola, ¿qué tal? —pregunta Mariela.
—Ahora mejor, gracias. ¿Sabes lo del accidente?
—No, ¿qué accidente?
—Tuve un accidente el otro día cuando venía a la universidad.
Mariela se lleva la mano a la boca.
—Ay, no sabía. ¿Cómo estás?
—Poco a poco, me duele un poco el cuello aún, pero bien.

Mariela se queda mirando a Emma.
—Esta es Emma, una compañera que me está ayudando —dice Julieta finalmente.
—Hola, encantada —dice Mariela—. Bueno, voy a empezar a trabajar.

entretanto	inzwischen
desbloquear	*hier:* entsperren
acceder	Zugang haben
susurrar	flüstern
determinación *f*	Entschlossenheit

Entretanto Emma ha conseguido **desbloquear** la cuenta de correo de Julieta.
—Tienes que poner otra contraseña nueva.
—Sí, está bien.
Julieta le muestra el archivo online de su publicación.
—Necesito un código para **acceder**, ¿dónde lo puedo conseguir? —pregunta Emma.
Julieta mira hacia el despacho de Elías.
—No sé, no podemos entrar en su despacho ahora —**susurra** Julieta.
—Está bien, venimos esta noche —propone Emma.
Julieta mira dudosa a Emma.
—Tranquila, tengo muchos años de experiencia —dice Emma con **determinación**.

4 Un desenlace peligroso

A las nueve de la noche, Julieta y Emma vuelven al departamento de astronomía como habían planeado. Esta vez aparcan un par de **cuadras** detrás de la universidad. Todo está en silencio. En el laboratorio encuentran varias llaves, prueban a abrir la puerta del despacho de Elías.

desenlace *m*	Ende, Ausgang
cuadra *f*	(Häuser-)Block
vigilar	aufpassen
mueble *m*	Möbelstück

—Esta no es —comenta en voz baja Emma.

—Prueba con esta.

Finalmente la consiguen abrir. Entran al despacho desde el laboratorio sin hacer ruido.

—Voy a intentar acceder desde su ordenador —comenta Emma—. Quizá es más fácil así.

—Está bien, pero deprisa.

Emma se sienta delante del ordenador de Elías.

—No tiene contraseña de desbloqueo, ¡genial! —dice Emma.

Julieta, nerviosa, se acerca a la puerta y **vigila**. Pasan un par de minutos. Julieta está muy nerviosa.

—¡Ya lo tengo!

—¿Tienes el código? —pregunta Julieta muy nerviosa—. No lo puedo creer.

De repente Julieta oye un ruido, al otro lado del pasillo.

—¡Viene alguien! —dice Julieta

Emma apaga rápidamente el ordenador.

—Ven, por acá, rápido —le dice Julieta a Emma.

Las dos se esconden detrás de un **mueble**, al otro lado del despacho. Alguien abre la puerta con llave, pero no **enciende** la luz. La **tensión** es tanta que casi no **se atreven a** respirar. La persona se sienta delante del ordenador. El corazón de Emma **va a mil por hora**.

—¿Es Elías? —se pregunta a sí misma.

Suena la **impresora**. De repente se oye un celular. La melodía le es familiar a Julieta.

—Sí, ahorita voy para allá. Ya tengo el **contrato**. Hasta ahora —dice la voz de un hombre.

—No lo puedo creer. Es Elías —piensa Julieta.

Elías coge los papeles de la impresora y se va del despacho. Cierra la puerta con llave. Julieta y Emma por fin respiran tranquilas cuando oyen los pasos alejarse.

encender	*hier:* anmachen
tensión *f*	Spannung
atreverse a	sich trauen
ϟ **ir** *irr* **a mil por hora**	rasen
impresora *f*	Drucker
contrato *m*	Vertrag
quedar con	sich mit jdm. treffen
imprimir	drucken
expectante	gespannt
aguantar	aushalten
eterno	ewig
miedo *m*	Angst
acomodarse	sich bequem machen
ϟ **vaya susto** *m*	was für ein Schreck

—Puf, qué mal rato —dice Julieta—. ¿Crees que va a volver?

—Parece que **ha quedado con** alguien...

—Sí, es muy extraño. ¿Cómo es que Elías viene acá por la noche para **imprimir** algo?

—Podemos ver qué documento es el que ha imprimido. Espera un momento.

Emma enciende el ordenador y abre el último documento, Lo lee **expectante**.

—¿Lo podemos imprimir y mirar tranquilamente en otro lugar? —pregunta Julieta muy nerviosa.

—Sí, claro. Tengo el código para cambiar el acceso a tu investigación, pero espera...

—¿Qué pasa?
—Quiero saber la IP desde la que subieron la falsa investigación. Tengo la sensación de que no fue desde tu ordenador.
Julieta casi no puede **aguantar** tanta tensión y los minutos que necesita Emma se le hacen **eternos**.
—La tengo. Está bien, vámonos.

Ejercicio 10: Verbos con preposiciones. Unterstreichen Sie die richtigen Präpositionen.

1. Voy a acercarme en / a la puerta principal.

2. Esta noche he quedado con / de una amiga para cenar.

3. No me atrevo a / de tutearle.

4. Emma empieza a / en trabajar.

5. ¿Podemos probar con / a entrar en el despacho?

En el coche, deciden ir a casa de Julieta para hablar con calma. De camino, Julieta está intranquila en el coche. Se da cuenta de que tiene **miedo** después del accidente. Una vez en su casa, preparan una infusión[i] e intentan **acomodarse**. Emma saca un ordenador portátil.
—No me puedo creer todo lo que ha pasado —comenta Julieta.
—Sí, **vaya susto** cuando entró tu jefe. Voy a comprobar que la investigación falseada ya no está online.
—Está bien —dice Julieta mucho más relajada.

¡Atención, falsos amigos! Julieta und Emma bereiten einen Kräutertee zu. Die medizinische Tropfinfusion heißt auf Spanisch **suero intravenoso** bzw. **suero por goteo**.

Julieta toma su taza y se alegra de estar en casa **sana y salva**.
—Comprobado. Ahora podemos subir tu investigación desde acá, pues tenemos el código de acceso.
—Eso es genial. Pero antes vamos a ver el documento por el que Elías entró en el despacho por la noche.
—Sí, acá está.
Julieta lo toma. Son solo tres páginas. **Se trata de** un contrato del departamento con una **agencia** llamada Desarrollo e Investigación.
—Nunca antes he oído sobre esta agencia —dice Julieta— y llevo muchos años en el departamento.
En el contrato se habla de una **pensión** exorbitante para Elías por los servicios prestados a esta agencia.
—¿Qué servicios? ¿De qué trata todo esto? —se pregunta Julieta en voz alta.
Emma busca información sobre esta agencia en internet.
—Tengo la dirección. Vamos para allá —propone Emma mientras agarra su portátil.
—¿Ahorita?
—Sí, mejor de noche.
—Después de esto voy a tomarme unas buenas vacaciones... —dice Julieta.
Llegan a la dirección de la agencia. Es un edificio grande. Hay varios coches aparcados. De repente Julieta ve un coche que le es familiar.
—¡Mira! ¡Allá! ¡Es el jeep del accidente!
—¿Segura?
—Totalmente, mira la matrícula, acaba en tres, cinco, seis.
Emma se baja del coche y se acerca al jeep. Vuelve a su coche.

sano y salvo	gesund und munter
tratar(se) de	(sich) handeln um/von
agencia *f*	Agentur
pensión *f*	*hier:* Rente

—Parece que ha tenido un golpe, en la parte delantera tiene un **faro** roto y **arañazos**.

Ejercicio 11: Definiciones. Ordnen Sie den Gegenständen die passende Definition zu!

1. ☐ el retrovisor
2. ☐ el edificio
3. ☐ la matrícula
4. ☐ el contrato

a) convenio firmado entre dos partes que obliga a estas a lo firmado.

b) placa con números y letras que llevan, entre otros, los coches.

c) construcción que está hecha para ser habitada u otros usos.

d) espejo con el que un conductor de un coche puede ver lo que está detrás.

Una luz se enciende. Parece que un coche va a salir del garaje. Emma ya ha encendido el motor del coche y salen de allá. Se dirigen a casa de Julieta. Emma maneja y Julieta lee en el celular informaciones sobre la agencia que firmó el contrato con Elías.

—¡Es una agencia **vinculada** a la NASA! —dice Julieta **asombrada**.

—¿Y qué significa eso?

—Que la publicación falseada no es **casualidad**.

De repente, Emma acelera.

—No estoy segura si nos están siguiendo —dice Emma mientras mira por el retrovisor.

faro *m*	*hier:* Scheinwerfer
arañazo *m*	Kratzer
vinculado	verbunden
asombrado	erstaunt
casualidad *f*	Zufall

El corazón de Julieta late de nuevo muy rápido.
—¡No! —dice Julieta recordando el accidente.
—Tranquila. Todo está bien.
—Por acá llegamos a la universidad.
—Sí.

doblar	*hier:* abbiegen
apartado	*hier:* abgelegen
revelar	enthüllen
alteración *f*	Veränderung
impedir *irr*	verhindern
difusión *f*	Verbreitung

Emma **dobla** una calle y luego otra. Llega a una avenida con mucho tráfico. Continúa unos minutos conduciendo. Por fin pierde de vista el coche que tenían detrás. Aparca en una calle un poco **apartada** del tráfico.
—Creo que ya no viene nadie detrás nuestro. Quizá era casualidad —dice Emma mientras saca su portátil—. ¿Qué dijiste sobre la NASA?
—La NASA ha hecho muchos experimentos en los últimos años en la ionosfera. En mi última investigación hay un capítulo que **revela** que hay formas de producir **alteraciones** en la telecomunicación internacional. La NASA quiere **impedir** la **difusión** de esta información, sobre todo en países con los que está en competencia[i].
—Así que tenían que acabar con tu investigación. Mira, tenemos el IP desde donde se subió la investigación falseada —dice Emma concentrada en la pantalla—. Acá veo algo… Hackearon tu cuenta de correo desde el mismo ordenador con el que subieron la investigación falsa con tu nombre.

¡Atención, falsos amigos!
La competencia bedeutet auf Deutsch „Konkurrenz", **la concurrencia** ist dagegen „der Andrang", „der Zulauf". Weitere falsche Freunde sind:
la carta: der Brief – die Karte: **la postal** oder **el mapa**; **el arte**: die Kunst – die Art: **la manera**; el gimnasio: das Fitnessstudio – das Gymnasium: **el instituto**.

—Ahora tiene todo sentido... —dice Julieta —Esto explica por qué Elías no me ha querido ayudar con este problema, sus **ausencias**, llamadas, reuniones urgentes,... Lo tenía todo planeado. Se quería jubilar en unos meses.

Emma mira hacia delante.

—Agarra esto —le dice mientras le da el portátil. Emma **arranca** de nuevo el motor del coche.

—¿Qué ocurre?

—Mira, allá delante. Es el mismo coche de antes. Vamos a ver dónde va.

Ahora son ellas las que van detrás del coche. Manejan por calles pequeñas, no muy rápido. Pero en algún momento el conductor del coche de delante acelera. La **rueda** delantera da un golpe con el **bordillo** y explota. No puede seguir.

—Llama a la policía —dice Emma rápidamente a Julieta.

Emma saca un **arma**.

—Es **de fogueo** —susurra a Julieta.

Emma abre la puerta y se dirige al coche con el arma en la mano. Julieta, mientras, le explica a la policía dónde están.

La puerta del coche se abre. Un hombre sale con los brazos **en alto**. Es Elías. Está solo. Julieta se acerca a donde está Emma. Quiere **enfrentarse** a él.

—Ahora lo sé todo, Elías. Tú eres quien falseó mi investigación, quien quería jubilarse con una pensión exorbitante a costa de falsear mi investigación.

—¡Julieta! —dice Elías.

—La policía está de camino, puedes explicárselo a ellos directamente. Tenemos **pruebas** —responde Julieta.

ausencia *f*	Abwesenheit
arrancar	*hier:* starten
rueda *f*	Reifen
bordillo *m*	Bordstein
arma *f*	Waffe
de fogueo *m*	mit Platzpatronen
en alto	erhoben
enfrentarse	sich auseinandersetzen mit
prueba *f*	Beweis

Tras la investigación de la policía, Elías es **acusado** de corrupción y un delito contra el **honor** profesional de Julieta. La agencia de Desarrollo e Investigación es acusada de manipulación de datos y de **malversación** de fondos, el conductor del jeep es acusado de intento de homicidio.

acusado	angeklagt
honor *m*	Ehre
malversación *f*	Unterschlagung

Se ha hecho justicia y la vida vuelve a la normalidad. Julieta sigue trabajando en la universidad, investigando en astronomía. Ahora es jefa del departamento.

Ejercicio 12: La palabra escondida. Übersetzen Sie und enträtseln Sie den Namen einer Figur des Krimis.

1. Rente _ ☐ _ _ _ _ _

2. Straftat _ _ ☐ _ _ _

3. Polizei _ _ _ _ _ _ ☐ _

4. Arbeit _ _ ☐ _ _ _ _

5. in Rente gehen _ _ _ _ _ _ _ ☐ _

Lösungswort: _ _ _ _ _

Huellas de sangre

Ana López Toribio

1 La muerte de Berta

El tres de marzo, Chalatenango **se paraliza**. Un tremendo silencio llena las calles de la ciudad mayoritariamente **lenca**, al noreste de la capital de El Salvador, San Salvador.

Linda corre para alcanzar el autobús que sale de la estación a las tres y cuarto. Siente su corazón **latir** muy fuerte. Sus nervios **se anudan en** su **garganta**. Vuelve a mirar el **celular**. Marca de nuevo el número de su madre. No da señal. Aún necesita bastante tiempo para llegar a su casa. Llueve, hay mucho tráfico. Linda, en su cabeza, no para de pensar en el **mensaje** que ha recibido en el contestador de su celular:

"Algo terrible ha pasado. Tienes que venir en seguida."

Por fin llega a la calle donde vive con su familia. Ya a lo lejos ve que la calle está **cortada**, varios coches de policía y ambulancias están delante de su casa.

paralizarse	*hier:* zum Erliegen kommen
lenca	indigenes Volk in El Salvador und Honduras
latir	schlagen, pochen
anudarse en la garganta	*hier:* die Stimme versagen
celular *m LAm*	Handy
mensaje *m*	Nachricht
cortado	*hier:* gesperrt
conseguir *irr*	schaffen
agarrar *LAm*	nehmen, packen
acercarse	sich nähern
nublado	getrübt
pitido *m*	Pfeifen
medioambiental	Umwelt-
apoyo *m*	Unterstützung
indígena	*hier:* Indio-, einheimisch
aparecer *irr*	auftauchen

> Der Goldman Environmental Prize wird seit 1990 jährlich an sechs Umweltaktivisten verliehen, die sich besonders für den Umweltschutz stark machen. Geehrt wird jeweils ein Preisträger pro Kontinent.

Linda corre aunque casi no puede respirar por los nervios. Cuando por fin **consigue** llegar allá, una mano **agarra** su brazo y no puede continuar. Quiere gritar. Sabe lo que ha pasado sin tener que oír una palabra. Un policía vestido con uniforme **se acerca** a ella. Linda empieza a ver todo **nublado**, oye un **pitido** fuerte en sus oídos y se cae al suelo.

El Salvador se convierte en noticia. Berta, conocida activista **medioambiental,** ganadora del Premio Goldman (i) hace un par de años por su **apoyo** a los pueblos **indígenas** de El Salvador, y en especial, al pueblo lenca, **aparece** muerta en su casa.

Ejercicio 1: Completar. Ergänzen Sie die Sätze mit folgenden Zeitangaben!

después | a | hace | de | cuarto

1. ________ las dos y media viene el autobús.

2. El cinco ________ mayo tengo una cita.

3. A las doce y ________ vuelve a su casa.

4. Unas horas ________ reciben una llamada.

5. ________ un par de años que no sabe nada de ella.

Unos días después, Linda está con sus hermanas y su hermano en la cocina.

—¿Cómo te ha ido? —le pregunta su hermana pequeña, Manuela.
—Bueno... Acá traigo algunos documentos sobre la **investigación** de mamá.
—¿Algo nuevo? —pregunta su hermano nervioso.
—Se trata de un **asesinato**... —responde Linda con un **suspiro**—. Es decir, no **se suicidó**.
—Eso ya nos lo **imaginamos**... —añade una de las hermanas de Linda.

investigación *f*	Ermittlung
asesinato *m*	Mord
suspiro *m*	Seufzer
suicidarse	Selbstmord begehen
imaginarse	sich vorstellen
disparo *m*	Schuss
arma *f*	Waffe
interminable	endlos
comisaría *f*	Polizeiwache
expediente *m*	Dossier
juicio *m*	Gerichtsverfahren

—La policía cree que hay dos autores. La autopsia dice que hay tres **disparos**, de dos **armas** diferentes.
—¡Qué horrible! (i) —dice Carlos, el hermano de Linda—. ¿Quién puede estar detrás de algo tan terrible?
Se quedan todos en silencio. La espera de nuevas noticias se hace **interminable** para la familia de Berta. Después de unas horas, reciben una llamada de la policía. Tienen que ir a la **comisaría** de policía. Allí entran por separado, cada uno va a una habitación diferente.

(i) Mit **Qué** + **adjetivo** wird bei einem Ausruf das Adjektiv verstärkt: ¡**Qué bonito**! Wie schön! Genauso kann auch ein Verb mit Adverb besonders betont werden: ¡**Qué bien bailas**! Aber Achtung: Nicht den Akzent auf dem **-e** vergessen!

Linda se sienta en una silla, delante de una mesa. Al otro lado se sienta una agente de la policía que ya ha visto antes.
—Tenemos el **expediente** de tu madre aquí. Como ya sabes, tuvo un **juicio** hace

dos años. El 15 de mayo la **detuvieron** en Santa Bárbara por "**posesión** ilegal de **armas de fuego**".

—Así es. Y tras el juicio fue declarada inocente —contesta Linda.

—Tenemos que tener en cuenta todos los datos del pasado.

—Claro.

—¿Viste armas en casa de vuestra madre? —pregunta la agente.

—¿Armas? No, nunca —dice Linda sorprendida—. No entiendo... Mi madre era activista defensora de sus orígenes, del pueblo lenca, ecologista, feminista y pacifista.

detener *irr*	festnehmen
posesión *f*	Besitz
arma *f* **de fuego**	Schusswaffe
relación *f*	Verbindung, Beziehung
interrogatorio *m*	Verhör
miembro *m*	Mitglied
defensa *f*	Verteidigung

—El asesinato de tu madre fue con un arma de fuego, tenemos que ver si existe alguna **relación** —dice la agente con tono serio y continúa con el **interrogatorio** —¿cómo es la relación con tu padre?

—Buena, en los últimos años no lo hemos visto a menudo, pero mis hermanos y yo tenemos buena relación con él.

—Roberto Martín —dice la policía mientras coge uno de los papeles que tiene delante—. Hasta hace tres años **miembro** de la Organización Popular e Indígena de El Salvador, OPIES, asociación para la **defensa** de las culturas y los pueblos indígenas. Roberto estuvo activo desde la creación de la asociación, hace ahora diecinueve años.

La agente de policía hace una pausa. Levanta la mirada y se encuentra con la mirada de Linda.

—¿Por qué crees que tu padre decidió salir de la organización? —pregunta la agente con gesto serio.

—Supongo que estuvo mucho tiempo y ya no tenía más ganas.

—¿Por qué?

—No sé exactamente, creo que ya no tenía tan buenas relaciones con gente de la asociación como antes.

—En esa fecha, más o menos, **se separan** tus padres —Linda **asiente** con la cabeza mientras la policía continua hablando[i]—. Y tu padre se va de la casa en la que viven desde hace más de veinte años juntos. ¿Cómo era la relación entre tus padres hasta ese momento?

—Bueno, más o menos bien. Está claro, cuando decidieron separarse es por algo, me acuerdo de escuchar muchas **riñas** entre ellos.

La policía anota todo lo que dice Linda.

—Y después, por lo que yo sé, no han tenido mucho contacto. Ya le digo, hemos visto poco a mi padre en los últimos años —añade Linda.

Estar + gerundio bedeutet „gerade etwas tun": **Estamos caminando**. Wird anstatt von **estar** ein Verb wie **continuar** oder **seguir** verwendet, betont dies stärker die Kontinuität und die Wendung bedeutet „weiterhin etwas tun": **Continúan investigando**.

Ejercicio 2: Formas de los verbos. Lesen Sie weiter und konjugieren Sie jeweils die Verben!

En su casa Linda **1.** saludar ____________ a su abuela, Doña Marina, y a sus hermanas y hermano. Desde que Berta no **2.** estar ____________ hay casi siempre gente en casa. Hoy tienen visita de una amiga de su abuela, que también **3.** ser ____________ **partera**.

—Según la cultura lenca, en los ríos **4.** residir ____________ los espíritus femeninos y las mujeres son sus principales **guardianas**—dice la mujer mientras **5.** dar ____________ vueltas con la cucharilla al agua **humeante**.

—Ese es el **conocimiento** que los lencas **hemos heredado** de nuestros antepasados —añade Doña Marina.
—Por eso tenemos que **proteger** a nuestras mujeres.
—¿Y qué hacemos ahora? Ya se llevaron a mi Berta... —dice la mujer mientras rompe a llorar.
Su nieta, Linda, **se apresura** a abrazarla.
—Yo que soy madre, abuela, partera... —continúa la mujer— sé lo que es la vida y la muerte. Cuántas mujeres conocí que **perdieron** a sus hijos. No hay nada más duro para una madre que ver morir a un hijo.
Las palabras de Doña Marina llenan cada rincón de la casa. Se oye un profundo suspiro. Linda sigue al lado de su abuela, le agarra las manos con fuerza.
—Que mamá nos dé la fuerza para luchar contra esta **injusticia** —dice Linda.
—Eso, hijita. Por lo menos tenemos que saber la verdad sobre su muerte, quién está detrás de esto.

separarse	sich trennen
asentir *irr*	*hier:* nicken
riña *f*	Streit
partero/a *m/f*	Geburtshelfer/ Hebamme
guardián/ ana *m/f*	Hüter/in
humeante	dampfend
conocimiento *m*	Wissen
heredar	erben
proteger	schützen
apresurarse	sich beeilen
perder *irr*	verlieren
injusticia *f*	Ungerechtigkeit

En las últimas dos semanas, Linda ha ayudado en la campaña que está haciendo la OPIES en El Salvador para **esclarecer** el asesinato de su madre. En esta asociación hay varias personas que han estudiado **Derecho** y aconsejan sobre temas relacionados con la **justicia**. Linda conoce desde hace muchos años a Carol, **abogada** de oficio y amiga de Berta.

esclarecer	aufklären
Derecho *m*	Jura
justicia *f*	Justiz
abogado/a *m/f*	Anwalt/Anwältin
entrevista *f*	Interview
amenaza *f*	Drohung
presión *f*	Druck
declaración *f*	Erklärung, Aussage
prestar declaración	eine Aussage machen

—Hola, Linda.

—Hola, ¿qué tal?

—Bueno, ahí vamos. ¿Puedo hablar contigo en privado?

—Sí, claro.

Se separan un poco de la gente.

—¿Qué pasa?

—Linda, me llegó [i] una información. Es una **entrevista** que no fue publicada, un par de días antes del asesinato.

—¿Una entrevista? ¿De qué medio?

—Es una revista local que trata temas de cultura de nuestro país, no es muy conocida.

—¿Por qué no se publicó?

—No lo sé, la persona que hizo la entrevista no la pudo publicar en aquel momento.

—¿Qué dice la entrevista?

—Berta habla de **amenazas** de muerte...

—¿Por parte de quién?

Im lateinamerikanischen Spanisch wird das **Préterito indefinido** viel häufiger verwendet als im europäischen Spanisch, da es auch bei der Beschreibung von abgeschlossenen Ereignissen eingesetzt wird, die in einem noch andauernden Zeitraum geschahen: **Linda estuvo en la comisaría hoy.**

—Eso no lo dice, también habla de la **presión** que sufre OPIES como movimiento.

—¿Qué podemos hacer con esto?

—Es una **declaración** de tu madre, puede ser importante. Tenemos que llevarla a la policía.

—¿Crees que ayudará a aclarar el asesinato de mi madre?

—No sabemos... Pero si es verdad que Berta hizo estas declaraciones, seguramente sufrió amenazas.

Carol presenta los documentos a la policía. En unas horas, el periodista que hizo la entrevista a Berta va a la comisaría a **prestar declaración**.

Ejercicio 3: La palabra escondida. Übersetzen Sie und enträtseln Sie das Lösungswort.

1. Zeitschrift _ _ □ _ _ _ _
2. Drohung _ _ □ _ _ _ _
3. Interview _ _ _ □ _ _ _ _ _ _
4. Medien _ _ □ _ _ _
5. Mord □ _ _ _ _ _ _ _ _
6. Journalist _ _ _ _ _ □ _ _ _ _

Lösungswort: _ _ _ _ _ _

2 Sospechosos

Linda está en la oficina de Aurelio, el abogado de su padre.

—Puedes sentarte —le indica Aurelio a Linda **señalando** una silla. El ambiente es bastante **tenso**.

—Mi nombre es Aurelio Díaz, soy el abogado de oficio de tu padre, Roberto. Te comento... Tu padre está desde ayer en **prisión preventiva** después de hablar con la policía. Le **acusan** de ... —el abogado hace una pausa. Levanta la mirada y dice— asesinar a tu madre. Linda no lo puede creer. Sus ojos se llenan de lágrimas e **impotencia**.

—No puede ser...

—Él mismo se declara **inocente**, por eso tiene derecho a los servicios de un abogado, que soy yo.

Tras una breve pausa, Aurelio sigue hablando:

—La policía está investigando si está **implicado** en el asesinato de tu madre. Según sus declaraciones, tu padre estaba en un bar cerca de vuestra casa, aunque vive al otro lado de la ciudad. Ese día por la mañana visitó a un primo suyo[i] que vive en un barrio cercano a vuestra casa. El dueño del bar dice que tu padre estaba **ebrio** y **molestó** a algunos clientes del bar.

sospechoso/a *m/f*	Verdächtige/r
señalar	zeigen
tenso	angespannt
prisión *f* **preventiva**	Untersuchungshaft
acusar	beschuldigen
impotencia *f*	Ohnmacht
inocente	unschuldig
implicado	verwickelt
ebrio	betrunken
molestar	belästigen, stören
violencia *f*	Gewalt
insultar	beschimpfen

Linda nota los nervios en su estómago.
—Desde hace algunos meses mi padre tenía problemas con el alcohol, no es la primera vez que está borracho.

Ejercicio 4: Intrusos. **Welches Wort passt nicht in die Reihe?**

1. almacén oficina despacho
2. borracho ebrio sobrio
3. cerca rápido lejos
4. negar creer pensar
5. bar restaurante cafetería

—Bueno, en la prensa, en todos los lados hablan de un asesinato por **violencia** machista —comienza el abogado —pero la prensa tiene mucha prisa por contar noticias... El día del asesinato tu padre estaba borracho. Ha declarado que no puede acordarse de todo. Naturalmente interrogaron a otros clientes del bar. Ellos dicen que estuvo agresivo, **insultó** a tu madre y a la asociación OPIES. Me interesa saber cómo era la relación entre tus padres después de la separación.
—No muy buena, por eso cada vez tenían menos relación y mis hermanos y yo lo veíamos poco.

> Die spanische Sprache kennt zwei Formen von Possessivbegleitern. Die unbetonten Possessivbegleiter stehen vor dem Substantiv: Visitó a **su** primo. Nach dem Substantiv stehen die betonten Possessivbegleiter, die das Verhältnis von „Besitzer" und „Besitztum" stärker hervorheben: Visitó a un primo **suyo**. Anders als die unbetonten Formen werden die betonten Formen immer in Geschlecht und Zahl an das Bezugswort angepasst.

—¿Recuerdas alguna situación de violencia?
—Recuerdo muchas riñas al final de su **matrimonio**...
—¿Y después, cuando se separaron?
—Creo que ninguno de los dos estaba en un buen momento. Pero creo que es normal después de una ruptura.
—Ahora mismo tu padre sigue **detenido** como principal sospechoso, pero todo puede cambiar en las próximas horas.
Linda toma aire.
—No lo puedo creer. Los **femicidios suceden** con frecuencia en El Salvador, pero en el caso de mis padres me resulta difícil imaginármelo...

matrimonio *m*	Ehe
detenido	verhaftet
femicidio *m*	Frauenmord
suceder	geschehen
denuncia *f*	Anzeige
avisar	benachrichtigen
noticia *f*	Nachricht
murmullar	murmeln

—No hay ninguna **denuncia** de malos tratos por parte de Berta.
Linda piensa en la entrevista de la que habló Carol.
—No, pero existe una entrevista en la que mi madre cuenta que sufría amenazas de muerte.
—Sí, conozco esa información desde hace unas horas. La policía está investigando. Como te expliqué, tu padre está en prisión preventiva, pero esto no significa nada, no tienen pruebas definitivas contra él. Te **aviso** si tengo nueva información. De momento solo podemos esperar.

Linda vuelve a casa con el corazón roto. No sabe cómo contar la **noticia** a su familia.
—No sé, yo no lo puedo creer... —**murmulla** el hermano de Linda.

—A mí todo esto me parece una **pesadilla**—dice Manuela, una de las hermanas.

—Toda información cuenta —dice Linda—. Vamos a intentar recordar alguna escena con violencia en casa...

—Recuerdo varias, pero no **convierten** a papá **en** un asesino... —responde Carlos.

—Y realmente no tienen pruebas todavía. Es solo una sospecha.

pesadilla *f*	Albtraum
convertir *irr* **en**	machen zu
intento *m* **de robo**	versuchter Raub
menudo	*hier:* zierlich
de mediana edad	mittleren Alters
rastrear	durchkämmen

—Podemos declarar a su favor —propone Linda.

—No sabemos qué hizo papá ese día, no hemos tenido tanto contacto con él últimamente.

—Es verdad, quizá es mejor esperar.

—La policía cree que pudo ser un **intento de robo** antes del asesinato —añade Linda.

—Claro, El Salvador es un país con una alta tasa de criminalidad. Un robo con violencia es muy común —comenta Carlos.

—La policía está investigando los mensajes y las últimas llamadas del celular de mamá.

—¿Y qué dicen?

—Hasta ahora no pueden hacer nada público.

En ese momento, alguien llama a la puerta.

—¿Sí?

Linda abre la puerta y ve a su vecina, una mujer **menuda**, **de mediana edad**, apoyada en la pared.

—¿Qué pasa? ¿Qué ocurre?

—Están **rastreando** la zona baja del río —dice la mujer casi sin aliento— Hay muchísima policía, está todo cerrado. Seguro que están buscando al asesino de vuestra madre.

—Vamos para allá ahora mismo.

Ejercicio 5: Comprensión. **Welche der folgenden Satzteile gehören zusammen? Ordnen Sie sie zu!**

1. ☐ El asesino	**a)** está durando mucho tiempo.
2. ☐ Tengo una sospecha	**b)** se va del lugar de los hechos.
3. ☐ Hace poco hubo un robo	**c)** sigue sin resolverse.
4. ☐ El asesinato	**d)** de quién puede ser el culpable.
5. ☐ La investigación	**e)** en casa de mi vecino.

Así es. Hay un gran **despliegue policial** en el río Lempa. Linda se acerca a la gente. **Reconoce** a lo lejos a algunos policías y a Aurelio, el abogado de su padre. Se acerca a él.

—¿Qué es? ¿Qué tienen? —pregunta Linda con el corazón latiendo muy rápido.

—Tranquila, no podemos **afirmar** nada —intenta calmarla Aurelio—. Pero parece que han encontrado algo relacionado con el asesinato de Berta.

—¿Qué?

Una mezcla de nerviosismo, alegría y tristeza **invade** a Linda.

—¿Qué encontraron?

—No te puedo decir aún. Tenemos que ir con **precaución**, la policía nos va a decir algo.

—Vamos a casa, tenemos que descansar. Esto solo nos va a **desgastar** los nervios —dice Linda a sus hermanas y su hermano.

—Tienes razón, hermanita.

despliegue *m* **policial**	Polizeiaufgebot
reconocer	erkennen
afirmar	bestätigen, behaupten
invadir	überkommen
precaución *f*	Vorsicht
desgastar	aufzehren

Sin embargo, Linda no consigue estar tranquila. Como la información le llega **con cuentagotas**, decide hablar de nuevo con Aurelio. Se dirige a su oficina. De camino, cruza un semáforo en verde. De repente siente una mano en su brazo y un grito:

—¡Cuidado!

Linda da un paso para atrás. A pocos centímetros de ella pasa una moto que casi le **roza**.

—Se acaba de pasar el semáforo en rojo —dice la mujer que le agarra el brazo.

con cuentagotas	spärlich
rozar	streifen
susto *m*	Schreck
peligro *m*	Gefahr
hacer *irr* **daño**	schaden
con un hilo de voz	mit dünner Stimme

—¡Ay, Dios mío! —dice Linda y se lleva la mano al corazón —¡qué **susto**!

Linda cruza la calle en compañía de la mujer desconocida.

—¡Qué **peligro**, algunos manejan[i] como locos! —añade la mujer.

Linda asiente, muy asustada. Su primer pensamiento es que esto tiene relación con el asesinato de su madre. Pero, ¿quién quiere **hacerle daño**? ¿Y por qué?

Das Verb **manejar** wird nur im lateinamerikanischen Spanisch im Sinne von „fahren, steuern, lenken" verwendet. Im spanischen Spanisch verwendet man anstelle dessen **conducir**.
Auch bei anderen Begriffen gibt es Unterschiede zwischen dem lateinamerikanischen und dem in Spanien gesprochenen Spanisch. So ist ein „Handy" in Lateinamerika **un celular**, in Spanien jedoch **un móvil**.

—Quizá son solo imaginaciones mías. No puede estar relacionado— piensa Linda.

Intenta tranquilizarse y sigue caminando hasta llegar a la oficina de Aurelio.

—Hola, Linda.

—Hola —responde Linda **con un hilo de voz**.

—¿Estás bien?

—Sí, sí, por favor, pero necesito saber...
—Pasa, pasa.
Linda pasa dentro. Aurelio le ofrece un poco de agua.
—Ahora mismo, acá cuando crucé la calle, casi me **atropella** una moto...— explica Linda un poco **desconcertada**.

> Der neutrale Artikel **lo** steht vor substantivierten Adjektiven, Ordnungszahlen und Possessivpronomen.
> **lo bueno y lo malo** das Gute und das Schlechte
> **lo primero y lo último** das erste und das letzte
> **lo nuestro** das Unsere

—Vaya, ¿te encuentras bien?
Linda se queda pensativa un momento.
—Sí, estoy bien. No sé por qué, lo primero que pensé es que puede estar relacionado con el asesinato de mi madre...
—¿Cómo?
—No sé, justo cuando vengo a tu oficina.
Aurelio baja la mirada. Entre sus manos juega con un bolígrafo.
—¿Te sientes en peligro?
—En cierta manera, pero no puedo explicarlo...
—Vamos a estar atentos.
—¿Qué pasa con mi padre? ¿Lo van a **liberar**? —pregunta Linda cada vez más nerviosa.
—Tu padre sigue detenido —contesta Aurelio.
Linda suspira.
—¿Se sabe algo más de las amenazas que sufrió mi madre? ¿Quién la amenazó? ¿Qué le contó el periodista a la policía? —pregunta nerviosa Linda.
—A ver, tu madre estaba apoyando unas protestas contra la construcción de una **presa** en el río Lempa.
—Sí, no solamente ella. Casi toda la gente que vive en la zona del río y muchos miembros de la OPIES.
—En la entrevista tu madre cuenta que la empresa Aguas Dulces le **prohibió** con amenazas acercarse a la zona donde que-

rían construir la presa. Además la policía acaba de **hacer oficiales** otros datos: Han encontrado dos armas en el río y corresponden con las balas que estaban en su cuerpo.

—¿Cómo han llegado las armas hasta allá?

—La noche del asesinato de tu madre, un vecino vio cómo dos hombres grandes, de mínimo un metro ochenta, se bajaron de un coche. Estaban borrachos e hicieron mucho **ruido**. El vecino **se asomó a** la ventana y escuchó una conversación entre ellos. Algo así como: "Bien hecho, ahora solo tenemos que **deshacernos** de esto". El vecino vio cómo los dos hombres tiraron algo al río. Cuando vio la noticia sobre el asesinato de tu madre en la televisión, pensó que podía estar relacionado y avisó a la policía.

atropellar	überfahren
desconcertado	verwirrt
liberar	freilassen
presa *f*	Staudamm
prohibir	verbieten
hacer *irr* **oficial**	öffentlich bekannt geben
ruido *m*	Lärm
asomarse a	sich hinauslehnen
deshacerse *irr*	sich entledigen
sollozo *m*	Schluchzen

—¿Así que ahora tienen las armas con las que mataron a mi madre?

—Sí. La policía encontró a estos dos hombres y después de interrogarlos, han registrado sus casas y han encontrado munición, más armas, planos, etc. Están detenidos en prisión preventiva.

—Ay, Dios mío, qué horrible... —dice Linda.

—Lo sé, me imagino que esto es muy duro.

—¿Por qué? Solamente me pregunto por qué —dice Linda entre **sollozos**—. ¿Por qué mataron a mi madre?

—Lamentablemente no puedo responder a esa pregunta —contesta Aurelio con gesto de impotencia.

—Ahora que encontraron a los dos asesinos, ¿van a liberar a mi padre?

Aurelio niega con la cabeza.

crimen *m*	Verbrechen

—La policía cree que es un **crimen** organizado por varias personas —comenta en tono serio—. Estos dos hombres estaban en el mismo bar que tu padre, creen que a la misma hora. Así que la policía cree que tu padre puede estar involucrado en el asesinato de tu madre.

Ejercicio 6: ¿Verdadero o falso? Welche Information ist korrekt? Markieren Sie mit richtig ✓ oder falsch –!

1. Un vecino escucha la conversación entre los asesinos. ❐
2. Berta estaba a favor de la construcción de una presa en el río. ❐
3. En total hay tres hombres detenidos por el asesinato de Berta. ❐
4. El ex-marido de Berta sale finalmente de la cárcel. ❐
5. Los detenidos y el ex-marido de Berta estaban en distintos sitios el día del asesinato de Berta. ❐

3 El golpe

Linda se siente rara caminando por las calles de Chalatenango. Intenta hacer su vida normal, pero es muy difícil para ella no pensar en el asesinato de su madre y en que su padre está en la prisión. Sus hermanas y su hermano han empezado a ir otra vez a la escuela. Linda está en ese momento sola en casa. Sale a la calle a hacer unos **recados**. Cuando vuelve, mete la llave en la **cerradura** de la puerta para abrirla **como de costumbre**. Siempre cierra con llave cuando no hay nadie en casa. Pero algo le llama la atención. La puerta no está cerrada. Se queda un momento pensativa.

recado *m*	Besorgung
cerradura *f*	Türschloss
como de costumbre	wie gewöhnlich
vista *f*	Sicht
palpitar	schlagen, pochen
miedo *m*	Angst
sigilosamente	diskret, vorsichtig

—¿No cerré? —se pregunta a sí misma.

Abre la puerta despacio. Mira dentro, hasta donde le llega la **vista**. No ve a nadie. Sabe que no hay ningún familiar suyo en casa. Su corazón **palpita** con rapidez.

¿Entró alguien en la casa mientras estaba fuera? —piensa con cierto **miedo**.

Tiene el celular en una mano. En la otra, una bolsa con algunas cosas que acaba de comprar. Camina **sigilosamente** hacia la cocina. Tiene una sensación rara.

—Está todo bien —se dice a sí misma.

Ejercicio 7: Doble negación. **Formen Sie die folgenden Sätze um und verwenden Sie dabei die doppelte Verneinung!**

1. Nunca soy puntual.

   No soy nunca puntual.

2. Ninguno de ellos son de Honduras.

   ____

3. Nadie lo sabe.

   ____

4. Ningún policía lo sabía.

   ____

5. Nunca voy al río en verano.

   ____

Deja la compra encima de la mesa. Toma un vaso y lo llena con agua del **grifo**. En ese momento oye un ruido en la puerta de la casa. Rápidamente busca un cuchillo en uno de los **cajones**. Se acerca a la puerta. No ve a nadie. Agarra el cuchillo fuerte con su mano. De repente siente un fuerte **golpe** en la cabeza y empieza a verlo todo negro.

grifo *m*	Wasserhahn
cajón *m*	Schublade
golpe *m*	Schlag, Stoß
dolor *m*	Schmerz

Linda abre los ojos poco a poco. Un fuerte **dolor** de cabeza le hace sentirse mareada.

—Mi hijita...

Su abuela Marina está sentada a su lado. Linda se incorpora en la cama. Intenta hablar.

—Tranquila, toma, primero bebe un poco de agua —le dice su abuela y le da un vaso.

Linda toma el vaso con ganas.

—Abuelita... —comienza a hablar, pero una gran tristeza le invade y no puede **evitar** llorar.

evitar	vermeiden
inconsciente	bewusstlos

—Tranquila, mi hijita...

—¿Qué ha pasado? ¿Por qué...? —intenta preguntar mientras se seca las lágrimas.

—Linda, tranquila.

—Pero, ¿qué ha pasado? ¿Nos robaron algo? ¿Están todos bien?

—No nos robaron, estamos bien. Cuando volvimos a casa, estabas en el suelo. Allá, en la entrada.

Linda intenta recordar.

—Estabas **inconsciente** y te trajimos a la cama. Llamamos al médico. Parece que alguien te golpeó en la cabeza.

En ese momento, sus hermanas y su hermano entran rápidamente en la habitación y abrazan a Linda.

—Despacio —dice Marina.

—Nos alegramos mucho de verte, Linda —dice su hermana Manuela— ¿cómo estás?

—Un poco mareada y con dolor de cabeza.

—El doctor dejó acá estas medicinas. Tienes que beber mucho y descansar —comenta la abuela.

Die Adverbien **muy** und **mucho** werden häufig verwechselt. **Muy** steht vor einem Adjektiv oder Adverb und wird in der Regel mit „sehr" übersetzt. **Mucho** steht dagegen allein hinter einem Verb, auf das es sich bezieht.
La abuela está **muy** preocupada. Die Großmutter ist sehr besorgt.
Las hermanas se alegran **mucho**. Die Schwestern freuen sich sehr.

—Está bien, gracias, abuelita.
Después de un rato, siente cómo el **cansancio** le hace cerrar los ojos y vuelve a dormir.

Al día siguiente, se siente con más fuerza. Puede levantarse y el mareo casi **ha desaparecido**. Linda comenta con su familia el **incidente** con la moto mientras cruzaba la calle el otro día.

cansancio *m*	Müdigkeit
desaparecer	verschwinden
incidente *m*	Vorfall
agradecido	dankbar

—Vamos a estar contigo siempre. No te vamos a dejar ir sola a ningún sitio.
Linda sonríe **agradecida**. Quiere ir a la policía y contar lo que ha pasado. Antes de eso, llama a Aurelio y le pregunta si pueden verse en la comisaría.
—Sí, ahora voy para allá —dice Aurelio con prisa.
Linda toma un taxi con Manuela. Cuando llega a la comisaría, ve a Aurelio en la puerta. Linda lleva una venda en la cabeza y camina despacio con la ayuda de Manuela. Aurelio se apresura a ayudarla.
—Oh, Díos mío, Linda... —dice Aurelio y le coge del brazo.
Linda sonríe a pesar de todo.
—Estoy contenta de poder contarlo —dice Linda y entra en la comisaría.
—Pasa por aquí, puedes hablar con este agente. Yo te espero acá[i] en el pasillo, luego hablamos.
—Claro —dice Linda.
Linda cuenta a la policía el golpe que ha sufrido en su

> Die beiden Ortsadverbien **acá** und **aquí** („hier") beschreiben eine räumliche Nähe zum Sprecher. Während in Spanien häufiger **aquí** verwendet wird, findet man im lateinamerikanischen Spanisch eher das Wort **acá**.

casa. Después se acerca a Aurelio.

preocupación *f*	Sorge
apilado	aufgetürmt
con el ceño fruncido	stirnrunzelnd
divorcio *m*	Scheidung
arruinar	ruinieren
permitir	erlauben

—El otro día, cuando casi me atropella aquella moto, tuve una rara sensación, pero ahora para mí está claro —comenta Linda con **preocupación**.

—Si te digo la verdad, yo también me quedé pensando en esto. ¿Crees que está relacionado con el asesinato de tu madre?

—Sí. ¿Qué piensas tú?

—Es difícil, en El Salvador hay tanta criminalidad... A lo largo de mi vida, me encontré con tantos casos de violencia, robos y un largo etcétera.

Linda suspira profundamente.

—Bueno, hiciste la denuncia ante la policía. Eso está muy bien —dice Aurelio y sonríe.

—¿Sabemos algo nuevo? —pregunta Linda y dirige su mirada a los papeles que están **apilados** delante de Aurelio.

—Bueno —dice Aurelio **con el ceño fruncido**— sí, según las investigaciones de la policía, tu madre recibió mensajes de tu padre sobre el **divorcio**.

—¿Divorcio?

—Sí, mira, aquí tengo una copia —dice mientras le acerca una hoja—. Al parecer tus padres se separaron y en los últimos meses antes de ser asesinada, tu madre empezó a hacer los papeles para obtener el divorcio legal.

Una semana antes del asesinato, tu padre le mandó este mensaje: "No voy a firmar nada. Lo único que quieres es **arruinarme** económicamente y no te lo voy a **permitir**. Ahora soy yo quien va a acabar con esto."

—Ahora que lo dices, recuerdo una conversación de mi madre

por teléfono. Ella estaba en otra[i] habitación, pero pude oír algo sobre este tema.

ocuparse de	sich kümmern um
sicario *m*	Killer, Auftragsmörder

—Tu padre no estaba de acuerdo. Tenía miedo de tener que pagarle mucho dinero porque tras la separación ella **se ocupó de** vosotros y él no. Pero parece que en realidad tu madre no pidió nada, solo quería el divorcio legal para cerrar ese asunto. Para la policía ahora está más claro que tu padre pudo participar de alguna manera en el asesinato de tu madre. ¿Podrías declarar en favor de tu padre?

Linda se queda pensando un momento.

—No sé qué hacía mi padre durante el asesinato de mi madre, no tengo tanto contacto con él, no sé... ¿Qué pasa con los otros dos detenidos?

—Siguen detenidos. Ellos se declaran inocentes, pero está claro que la policía tiene pruebas muy claras contra ellos. Se está investigando si han participado antes en otros asesinatos.

—Así que son simples **sicarios**.

—No podemos decirlo definitivamente, pero parece que no tenían ninguna relación personal con tu madre.

—Así que, ¿alguien les pagó para acabar con la vida de mi madre?

Aurelio asiente con la cabeza.

—Es la hipótesis con más fuerza ahora mismo.

—¿Y quién les pudo pagar? ¿Mi padre? No lo creo.

—La policía no ha dicho nada definitivo. Seguramente el juicio va a empezar en unas semanas. Así lo ha pedido el abogado de los dos detenidos. Vamos a ver.

Vor **otro** und **medio** entfällt der unbestimmte Artikel.
en **otra** habitación - in einem anderen Zimmer; **medio** litro de lecho – ein halber Liter Milch

Linda se incorpora en la silla.
—Creo que hoy ya es bastante para mí —se despide.
—Estamos en contacto. Cuídate.
Aurelio se acerca a Linda y le acompaña a la puerta. Al otro lado, le espera su hermana Manuela.
—Hermanita.
—Vamos para casa, tienes que descansar.
Se despiden del abogado y de los agentes de la comisaría.

Ejercicio 8: Pronombres. Ersetzen Sie die unterstrichenen Satzteile durch die entsprechenden Objektpronomen.

1. Roberto mandó un mensaje a Berta.

____

2. La mujer agarró el brazo de Linda.

____

3. ¿Quién pagó a los sicarios?

____

4. Aurelio acompaña a Linda hasta la puerta.

____

5. Sus hermanos esperan a Linda.

____

Esa misma tarde, Linda recibe una llamada de Carol, la abogada de la asociación.
—Linda, hijita. Hablé con otros miembros de la asociación.... ¿Puedo ir mañana a tu casa?

—Sí, Carol, por supuesto. Hasta mañana entonces, cuídate.
—Tú también.
Linda **cuelga** el teléfono un poco **extrañada**.

A la mañana siguiente, llega Carol a la antigua casa de su amiga Berta. Abraza a Linda cuando la ve.
—Me alegro de verte.
—Yo también, Carol.
—¿Cómo estás?
—Todavía asustada. No sé qué está pasando.
Carol pone un gesto serio. Agarra una de las sillas y se sienta cerca de Linda.

colgar *irr*	*hier:* (Telefon) auflegen
extrañado	verwundert
contratar	beauftragen
vigilancia *f*	Überwachung
persona *f* **infiltrada**	Spion
seguimiento *m*	Verfolgung
reunión *f*	Versammlung

—Mira, Linda, hiciste lo correcto en poner una denuncia. Sin embargo, he hablado con algunos miembros de la OPIES. Hemos pensado en **contratar vigilancia** privada para vuestra casa lo más rápido que posible, no puede volver a ocurrir algo así, ni a ti ni a tu familia.
—No pensé que algo así podía pasarnos. La verdad, estoy asustada.
—Es lógico.
—Gracias, Carol.
—Tenéis mi apoyo y el de la asociación, no estáis solos.
—También creo que mi padre no tiene que ver con esto. No puedo imaginarme que...
—Linda —dice Carol y le mira a los ojos— desde la asociación llevamos mucho tiempo luchando contra injusticias. Después del asesinato hemos investigado por nuestra cuenta para saber por qué los asesinos tenían tanta información sobre tu madre. Parece que hemos tenido una **persona infiltrada** en la asocia-

ción y creemos que está directamente relacionada con el asesinato de tu madre. Entre los sospechosos está tu padre. Revisamos en las actas cuándo salió tu padre de la asociación y desde entonces hubo un **seguimiento** de tu madre hasta su muerte.

—No puede ser...

—Hay varios sospechosos. Tenemos que esperar para saber algo concreto.

—Mañana tenemos una **reunión** en la asociación.

—Entonces, nos vemos allá.

Ejercicio 9: Crucigrama. Lösen Sie das Kreuzworträtsel!

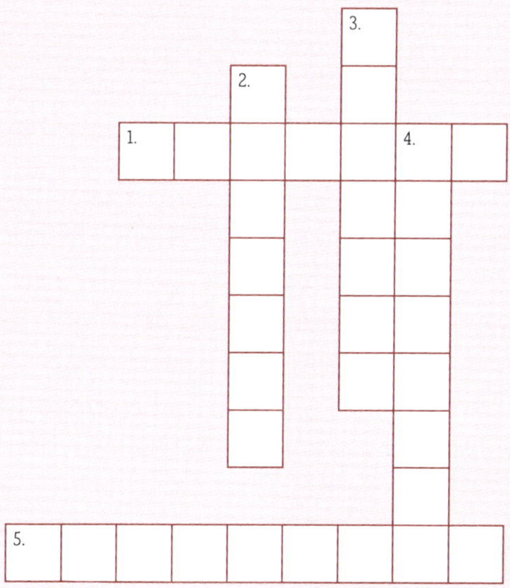

1. Teléfono sin cable.
2. Cuando te llaman por teléfono, recibes una ...
3. El corzo se siente ante el león en ...
4. Adjetivo en femenino singular, alguien que tiene un susto o temor.
5. Imaginar como posible autor de un delito o similar.

4 Un crimen al más alto nivel

Al día siguiente, Linda participa en la primera reunión que la OPIES organiza después del asesinato de su madre.
La presidenta de la organización comienza a hablar:
—Hoy queremos **homenajear** a nuestra compañera Berta, quien hizo un gran trabajo durante muchos años por dar voz al pueblo indígena, empobrecido y **marginado** por la **creciente** privatización de sus tierras. El Gobierno no reconoce la lengua, ni la cultura del pueblo lenca y cree que pueden hacernos desaparecer sin más. Por eso hoy, como siempre, tenemos que **reivindicar** la defensa de los derechos humanos, como lo hizo Berta.

homenajear	ehren
marginado	diskriminiert
creciente	zunehmend
reivindicar	fordern
con toda su alma	von ganzem Herzen
pertenecer *irr*	gehören

La gente escucha atentamente. El ambiente está cargado de emociones.
—Berta luchó **con toda su alma** contra la construcción de la presa del río Lempa para defender que esas tierras **pertenecen** a los lencas. La privatización del río Lempa y sus alrededores tiene consecuencias desastrosas para la gente que directamente vive

Das indigene Volk der Lenca bevölkerte schon in vorkolumbianischer Zeit das Hochland des heutigen Honduras und El Salvador. Noch heute leben in Honduras rund 100.000 und in El Salvador rund 37.000 Lenca. Während sich ihre Gebräuche bis heute überliefert haben, ist ihre Sprache im Laufe des 20. Jahrhunderts ausgestorben.

de lo que produce esta zona —añade Carol.

inimaginable	unvorstellbar
agresión	Angriff, Überfall

—Por otro lado, tenemos malas noticias para nuestra organización —comenta la presidenta. El silencio invade la sala—. Creemos que durante los últimos años hubo una persona infiltrada en OPIES. Aguas Dulces, la empresa que quiere construir la presa, ha tenido información directa de nuestros movimientos y, por supuesto, de los de Berta.

—Esto es algo **inimaginable** —contesta uno de los miembros— ¿quién puede pensar que entre nuestras compañeras y compañeros hay alguien que vende información?

—Es así de triste...

—¿Quién es esa persona? —pregunta otro de los miembros.

—No podemos decir nombres todavía. Está claro que Aguas Dulces hizo un seguimiento de los movimientos de Berta, pero no puedo afirmar más.

Ejercicio 10: Verbos en pasado. Wie lautet die 3. Person Singular des Pretérito Indefinido der folgenden Verben?

1. poder ______________________

2. hacer ______________________

3. empezar ______________________

4. haber ______________________

5. vivir ______________________

—Lo que está claro, también después de las **agresiones** que está sufriendo Linda, es que a partir de ahora tenemos que ir con más cuidado —propone la presidenta—. Hoy, queremos aclarar a todas las personas que están aquí las investigaciones que hizo Berta en los últimos años:

Hace poco más de un año, cuando un banco de los Países Bajos dejó de participar en el proyecto por la mala publicidad debido a nuestras protestas, Aguas Dulces decidió **trasladar** el proyecto nueve kilómetros al sur para continuar con los trabajos en la nueva zona. Ahora la **obra** es un sitio más **inaccesible** y así, evitan grandes movilizaciones de protesta. Sin mucho **éxito**. Las noticias de las protestas llegan hasta la **ONU**, donde se habla de la preocupación de las comunidades indígenas por la **aprobación** de proyectos peligrosos para el medioambiente sin ser consultadas. Y a partir de entonces empiezan a cerrar la zona **de modo que** nadie puede entrar.

trasladar	verlegen
obra *f*	Baustelle
inaccesible	unzugänglich
éxito *m*	Erfolg
ONU (Organización de las Naciones Unidas)	UNO
aprobación *f*	Genehmigung
de modo que	sodass
trama *f*	Intrige

—En estos últimos meses —continúa la presidenta— Berta investigó quiénes[i] son los directivos de Aguas Dulces. El secretario general de esta empresa fue un alto funcionario en el Ministerio de Gobernación y Justicia del Gobierno de El Salvador. El vicepresidente es una de las personas con más dinero del país y así continúa una larga lista. La ejecutiva de Aguas Dulces tiene relaciones muy importantes con bancos salvadoreños y de otros países.

—Aquí hay una **trama** compleja.

Nicht vergessen! Auch bei indirekten Fragen tragen die Interrogativpronomen einen Akzent.

—Sí, tenemos que **desmontar** todo este asunto. Hay mucho interés en hacer esta **macroconstrucción** y estoy segura de que los mismos están detrás del asesinato de Berta. Tenían dos objetivos: el primero, eliminar a una gran activista que ha **molestado** mucho y que no han podido **hacer callar** de otra manera. El segundo, aterrorizar al pueblo lenca y así acabar con las protestas que tanto **están impidiendo** la construcción de la presa.

—Tenemos que hacer hoy mismo una denuncia y tomar un **papel** en la **resolución** de este asesinato.

desmontar	auseinander-nehmen
macroconstrucción *f*	Großbauprojekt
molestar	stören
hacer *irr* **callar**	zum Schweigen bringen
impedir *irr*	verhindern
papel *m*	Rolle
resolución *f*	Entschluss
indignado	empört
por desgracia	leider
redes *f pl* **sociales**	soziale Netzwerke
hacer *irr* **visible**	sichtbar machen
según mi opinión	meiner Meinung nach
autor/a *m/f* **intelectual**	Drahtzieher

—Sí, porque si no todo esto va a continuar en nuestra contra—responde Linda **indignada**.

—Llevamos años de lucha, la muerte de Berta no es la primera de una activista en defensa de los pueblos indígenas. Ni será, **por desgracia**, la última.

—Ya lo hemos llevado a **redes sociales**, algunos medios de comunicación... Junto con otros compañeros nos hemos puesto en contacto con otros colectivos. Intentamos **hacer visible** el asesinato de Berta en otras ciudades de El Salvador e incluso a nivel internacional.

—**Según mi opinión**, tenemos que presentar una denuncia contra los dirigentes de Aguas Dulces como **autores intelectuales** del asesinato de Berta —propone Carol.

Ejercicio 11: Comprensión del texto. Beantworten Sie die Fragen zum Text!

1. ¿Por qué homenajean a Berta?

____

2. ¿Qué sospecha tiene la presidenta de la OPIES sobre la propia organización?

____

3. ¿Dónde trasladan el proyecto de la presa?

____

4. ¿Qué motivos, según la OPIES, tenían para matar a Berta?

____

5. ¿Cómo quiere la asociación actuar con respecto al asesinato de Berta?

____

El juicio sobre el asesinato de Berta dura semanas. La información que **proporciona** OPIES es clave para continuar con la investigación. Linda está en el despacho de Aurelio.
—La policía ha seguido los celulares de los dos sicarios —explica Aurelio—. Parece que uno de ellos estaba en contacto con un primo de tu padre, Enrique, que hasta hace poco fue miembro de la OPIES. Cuando tu padre salió de la asociación, Enrique acababa de entrar. Al poco tiempo alguien de la presidencia de Aguas Dulces le contactó y le ofreció un **trato**. Enri-

que, que en esos momentos tenía problemas económicos, aceptó para hacer dinero. Les dio toda la información a los sicarios, y después salió de la asociación. Los sicarios pudieron así amenazar a tu madre y, al final, acabar con su vida. Tu padre, durante este tiempo tenía muchos problemas, también con tu madre y los comentaba con Enrique.

proporcionar	liefern
trato *m*	Abmachung, Deal
congelar	einfrieren
declarar	*hier:* versteuern; angeben

—¿Entonces, qué tiene que ver mi padre?

—Han interrogado a los clientes del bar donde estuvo tu padre el día del asesinato. Dicen que tu padre estuvo allá un rato, pero luego se marchó. Los sicarios llegaron más tarde y hablaron con Enrique. No han encontrado conexión entre tu padre y los sicarios.

—¿Y qué pasa con la junta directiva de Aguas Dulces?

Ejercicio 12: Formas de los verbos. Lesen Sie weiter und unterstreichen Sie die richtige Variante.

—**1.** Están / estamos declarando ahora mismo. La Audiencia **2.** he / ha **congelado** las cuentas de todos los directivos. Los sicarios han reconocido que **3.** recibieron / van a recibir dinero de un primo de uno de los directivos y ahora la junta directiva **4.** tiene / tuvo que presentar las cuentas, pues parece que **5.** hay / va a ver mucho dinero que no **han declarado**.

Linda y Carol están en el último día del juicio. Los dos sicarios **son condenados** a veinte años de prisión por el asesinato directo de Berta, y Enrique a diez años por **complicidad**. En total seis personas de la directiva de Aguas Dulces son condenados entre tres y nueve años por el asesinato intelectual de Berta. Roberto, el ex-marido de Berta, sale libre de la cárcel **sin cargos**.

condenar	verurteilen
complicidad *f*	Beihilfe
sin cargos	freigesprochen
aliviado	erleichtert

Linda corre a abrazar a su padre.

—Por fin se aclaró todo —dice Linda **aliviada**.

—Menos mal. Ahora vamos a casa, hijita.

Test final
Soluciones
Glosario
Tabla de ejercicios

Test final

Ejercicio 1: ¿Verdadero o falso? **Welche Sätze sind richtig ✓, welche falsch —?**

1. El coronel Luceño pensaba que el teniente Quejigo era un mal militar. ❐
2. El capitán Quesada va mucho al gimnasio. ❐
3. El teniente Quejigo estaba enamorado de Virginia. ❐
4. El capitán Quesada había atropellado al hijo de Virginia. ❐
5. Virginia pidió perdón al teniente Quejigo. ❐

Ejercicio 2: Letras desordenadas. **Ordnen Sie die Buchstaben zu sinnvollen Wörtern!**

1. Antonio Llera vio una cinatio ____________ en el periódico.
2. El coronel Luceño no quiere que cierren su telaruc ________.
3. El sargento Cota piensa que el cierre es una güerenzva ____________.
4. El detective piensa al principio que la muerte del teniente podía ser una zanagnev ____________.
5. El capitán Quesada tiene una buena dacatrao ____________.
6. El forense hizo una psitouaa ______________ al hijo de Virginia.

Ejercicio 3: Participio. **Setzen Sie die Verben in die passende Form des Pretérito Perfecto!**

1. El gobierno cerrar ha *cerrado* el cuartel.
2. Manuel Pintado ver ______ a Virginia.
3. Los militares tomar ______ decisión.
4. Ellos decidir ______ aceptar el cierre del cuartel.

Ejercicio 4: Verbos. **Setzen Sie die passenden Verben ein!**

puede pone pasa está

1. ¿Quién ______ amenazar a Julieta?
2. Julieta ______ enfadada con su jefe.
3. Esto no me ______ nunca.
4. Alguien ______ el correo en la mesa.

Ejercicio 5: La palabra escondida. **Übersetzen Sie und enträtseln Sie den Namen eines typisch mexikanischen Gerichts!**

1. Ordner _ _ _ _ □ _ _
2. forschen _ □ _ _ _ _ _ _ _ _
3. Post □ _ _ _ _ _
4. Auto _ _ _ □ _
5. gehen □ _
6. Straße _ _ _ □ _
7. ausschalten _ _ □ _ _ _
8. entscheiden _ _ _ _ □ _ _
9. Brief _ _ _ _ □

Lösungswort: _ _ _ _ _ _ _ _ _

Soluciones

Crimen en Cáceres

Ejercicio 1: **1.** calores **2.** universidades **3.** pulmones **4.** jóvenes **5.** autobuses **6.** fáciles **7.** decisiones

Ejercicio 2: **1.** avenida **2.** paseo **3.** cuarto **4.** barrio **5.** estación **6.** parada **7.** carril bici **8.** timbre

Ejercicio 3: **1.** servicio **2.** debate **3.** centro **4.** guerra **5.** estación **6.** noticia **7.** izquierda **8.** arma
Lösungswort: venganza

Ejercicio 4: **1.** por **2.** para **3.** para **4.** Para **5.** por **6.** para **7.** para **8.** por **9.** para

Ejercicio 5: **1.** monitor **2.** moreno **3.** cuchillo **4.** estación **5.** ahora **6.** tráfico

Ejercicio 6: **1.** pongo **2.** hago **3.** conduzco **4.** Voy **5.** vuelvo **6.** relaja **7.** ayuda **8.** puede

Ejercicio 7: **1.** e **2.** c **3.** d **4.** a **5.** f **6.** g **7.** b

Ejercicio 8: **1.** joyería **2.** carnicería **3.** pescadería **4.** frutería **5.** librería **6.** ferretería **7.** panadería

Ejercicio 9: **1.** triste – alegre **2.** simpático – antipático **3.** vacío – lleno **4.** caro – barato **5.** joven – viejo

Ejercicio 10:

P	U	R	R	A	T	O	M	D
R	E	A	V	T	E	M	E	E
O	F	A	L	I	N	I	D	T
F	A	G	R	O	I	N	I	E
E	S	M	O	X	E	I	C	C
S	A	R	G	E	N	T	O	T
O	M	I	G	O	T	A	Z	I
R	A	B	I	T	E	B	O	V
A	M	O	N	I	T	O	R	E

Ejercicio 11: **1.** descubrí **2.** estuvo **3.** murió **4.** Habló **5.** miré

Ejercicio 12: **1.** e **2.** d **3.** g **4.** f **5.** c **6.** b **7.** a

Ejercicio 13: **1.** hablando **2.** buscando **3.** viendo **4.** siendo **5.** estando **6.** creyendo **7.** diciendo **8.** yendo **9.** trabajando

Ejercicio 14: **1.** Manuel Pintado vio entrar a Virginia. **2.** La enfermera Virginia estaba de guardia. **3.** Samuel fue atropellado cuando iba en bicicleta. **4.** El teniente Quejigo quería casarse con Virginia.

Peligro en la uni

Ejercicio 1: **1.** estrella **2.** noviembre **3.** trabajo **4.** libro

Ejercicio 2: **1.** tras **2.** por **3.** en **4.** del (de+el) **5.** de

6. desde **7.** desde **8.** del (de+el) **9.** a **10.** a **11.** con **12.** por **13.** al (a+el)

Ejercicio 3: **1.** Hay varios errores en la publicación. **2.** ¿Puedes ayudarme con esto? **3.** Julieta no puede creer lo que pasa. **4.** ¿Sabes cuándo llegan mis compañeras?

Ejercicio 4: **1.** b **2.** e **3.** d **4.** a **5.** c

Ejercicio 5: **1.** a **2.** b **3.** b **4.** b

Ejercicio 6:

M	E	S	V	I	O	G	R
A	N	C	O	C	H	E	H
T	R	U	L	E	P	L	M
R	O	F	A	S	T	E	A
I	F	E	N	L	F	O	N
C	M	O	T	O	R	F	E
U	S	V	E	A	E	I	J
L	I	R	Z	P	N	U	A
A	P	L	U	I	O	J	R

Ejercicio 7: **1.** ¿Qué quiere pedir? **2.** ¿Hacia dónde va Julieta? **3.** ¿Dónde está ahora? **4.** ¿Cuándo manejaba su coche?

Ejercicio 8: **1.** pasa **2.** hasta **3.** vuelve **4.** siente **5.** decide.

Ejercicio 9: **1.** a **2.** a **3.** b **4.** a

Ejercicio 10: **1.** a **2.** con **3.** a **4.** a **5.** a

Ejercicio 11: **1.** d **2.** c **3.** b **4.** a

Ejercicio 12: **1.** pensión **2.** delito **3.** policía **4.** trabajo **5.** jubilarse **Lösungswort:** Elías

Huellas de sangre

Ejercicio 1: **1.** A **2.** de **3.** cuarto **4.** después **5.** Hace

Ejercicio 2: **1.** saluda **2.** está **3.** es **4.** residen **5.** da

Ejercicio 3: **1.** revista **2.** amenaza **3.** entrevista **4.** medios **5.** asesinato **6.** periodista **Lösung:** verdad

Ejercicio 4: **1.** almacén **2.** sobrio **3.** rápido **4.** negar **5.** restaurante

Ejercicio 5: **1.** b **2.** d **3.** e **4.** c **5.** a

Ejercicio 6: **1.** verdadero **2.** falso **3.** verdadero **4.** falso **5.** falso

Ejercicio 7: **1.** No soy nunca puntual **2.** No son ninguno de ellos de Honduras **3.** No lo sabe nadie **4.** No lo sabía ningún policía. **5.** No voy nunca al río en verano.

Ejercicio 8: **1.** Roberto le mandó un mensaje. **2.** La mujer le agarró el brazo. **3.** Quién les pagó? **4.** Aurelio la/le acompaña hasta la puerta. **5.** Sus hermanos la/le esperan.

Ejercicio 9: **1.** celular **2.** llamada **3.** peligro **4.** asustada **5.** sospechar

Ejercicio 10: **1.** pudo **2.** hizo **3.** empezó **4.** hubo **5.** vivió

Ejercicio 11: **1.** Por su lucha por la defensa del pueblo lenca. **2.** Que hay una persona infiltrada que informa a la empresa de lo que pasa en la organización. **3.** A un sitio más inaccesible.

4. Berta empezó a ser incómoda para la empresa que quería construir la presa y así atacaron también al pueblo lenca. **5.** Quieren presentar una denuncia contra los dirigentes de la empresa constructora de la empresa.

Ejercicio 12: **1.** están **2.** ha congelado **3.** recibieron **4.** tiene **5.** hay

Test final

Ejercicio 1: **1.** falso **2.** falso **3.** verdadero **4.** verdadero **5.** falso

Ejercicio 2: **1.** noticia **2.** cuartel **3.** vergüenza **4.** venganza **5.** coartada **6.** autopsia

Ejercicio 3: **1.** ha cerrado **2.** ha visto **3.** han tomado **4.** han decidido

Ejercicio 4: **1.** puede **2.** está **3.** pasa **4.** pone

Ejercicio 5: **1.** carpeta **2.** investigar **3.** correo **4.** coche **5.** ir **6.** calle **7.** apagar **8.** decidir **9.** carta
Lösungswort: enchilada

Glosario

ϟ = umgangssprachlich
pl = Plural
f = feminin
m = maskulin
pl = Plural
irr = unregelmäßiges Verb
LAm = lateinamerikanisches Spanisch

a fondo	gründlich
abogado/a *m/f*	Anwalt/Anwältin
abrazar	umarmen
acariciar	streicheln
acceder	Zugang haben
acceso *m*	Zugang
accidente *m*	Unfall
acelerar	beschleunigen
acercarse	sich nähern
aclarar	klären
acomodarse	es sich bequem machen
acompañar	begleiten
acusado	angeklagt
acusar	beschuldigen
admitir	zugeben
afirmar	bestätigen, behaupten
afueras *f pl*	Vorstadt
agarrar *LAm*	nehmen, packen
agencia *f*	Agentur
agobiado	bedrückt
agradecido	dankbar
aguantar	aushalten
alejarse	entfernen
aliviado	erleichtert
alteración *f*	Veränderung
altivo	hochnäsig

amenaza *f*	Drohung
anillo *m* **de compromiso**	Verlobungsring
animado	*hier:* fröhlich, heiter
anudarse en la garganta	*hier:* die Stimme versagen
anunciar	ankündigen
añadir	hinzufügen
apagar	ausschalten
aparecer *irr*	auftauchen
apartado	*hier:* abgelegen
apilado	aufgetürmt
apoyo *m*	Unterstützung
apresurarse	sich beeilen
aprobación *f*	Genehmigung
aprobar *irr*	*hier:* annehmen
arañazo *m*	Kratzer
arma *f*	Waffe
arma *f* **de fuego**	Schusswaffe
arrancar	*hier:* starten
arrepentirse *irr*	bereuen
arruinar	ruinieren
asentir *irr*	*hier:* nicken
asesinato *m*	Mord
asomarse a	sich hinauslehnen
asombrado	erstaunt
asombrarse	in Erstaunen versetzen
asustado	erschrocken
atender *irr*	bedienen
atento	aufmerksam
atreverse a	sich trauen
atropellar	überfahren
ausencia *f*	Abwesenheit
ausente	abwesend
autor/a *m/f* **intelectual**	Drahtzieher
avisar	benachrichtigen
bala *f*	Kugel, Gewehrkugel
bandeja *f*	Tablett
barrera *f*	Barriere, Absperrung
basado	gegründet
batería *f*	Akku
bigote *m*	Schnurrbart
bordillo *m*	Bordstein
cajón *m*	Schublade
calvo	kahl, glatzköpfig

callar	schweigen
calle *f* **peatonal**	Fußgängerzone
callejón *m*	Gasse
cansancio *m*	Müdigkeit
capitán *m*	Hauptmann
cargado	*hier:* sehr stark
carril *m*	*hier:* Straßenspur
carta *f* **de despedida**	Abschiedsbrief
casualidad *f*	Zufall
celular *m LAm*	Handy
cerradura *f*	Türschloss
ciberinvestigador/a	Cyberermittler/in
cita *f*	Termin
coartada *f*	Alibi
código *m*	Code
coincidir	übereinstimmen
coleta *f*	Pferdeschwanz
colgar *irr*	*hier:* (Telefon) auflegen
colorido	farbig
comisaría *f*	Polizeiwache
como de costumbre	wie gewöhnlich
compañero/a *m/f*	*hier:* Kollege/in
complicidad *f*	Beihilfe
comprobar *irr*	nachprüfen, überprüfen
con cuentagotas	spärlich
con el ceño fruncido	stirnrunzelnd
con toda su alma	von ganzem Herzen
con un hilo de voz	mit dünner Stimme
concluir *irr*	schlussfolgern
condenar	verurteilen
confirmar	bestätigen
congelar	einfrieren
conmover *irr*	berühren
conmovido	berührt
conocimiento *m*	Wissen
conseguir *irr*	schaffen
contraseña *f*	Passwort
contratar	beauftragen
contrato *m*	Vertrag
convertir *irr* **en**	machen zu
convicción *f*	Überzeugung
coronel *m*	Oberst
correo *m*	Post

cortacésped *m*	Rasenmäher
cortado	*hier:* gesperrt
cortina *f*	Vorhang
creciente	zunehmend
criar	erziehen
crimen *m*	Verbrechen
cuadra *f*	(Häuser-)Block
cuartel *m*	Kaserne
cuello *m*	Hals
curiosidad *f*	Neugier
curioso	merkwürdig
chándal *m*	Sportanzug
charla *f*	*hier:* Plauderei
dañado	verletzt
dar *irr* **el alta** *f* **médica**	gesundschreiben
darle *irr* **vueltas a**	über etw. grübeln
de fogueo *m*	mit Platzpatronen
de frente	*hier:* direkt, in die Augen
de mediana edad	mittleren Alters
de modo que	sodass
de prisa	schnell
de repente	plötzlich
deber	*hier:* schulden
decidir	entscheiden
declaración *f*	Erklärung, Aussage
declarar	*hier:* versteuern; angeben
defensa *f*	Verteidigung
delito *m*	Straftat
denuncia *f*	Anzeige
Derecho *m*	Jura
desafiante	herausfordernd
desaparecer	verschwinden
desbloquear	*hier:* entsperren
descargar	herunterladen
desconcertado	verwirrt
desenlace *m*	Ende, Ausgang
desesperado	verzweifelt
desgastar	aufzehren
deshacerse *irr*	sich entledigen
desmontar	auseinandernehmen
despacho *m*	Büro
despliegue *m* **policial**	Polizeiaufgebot
desvío *m*	Abzweigung, Umleitung

detener *irr*	festnehmen
detenido	verhaftet
determinación *f*	Entschlossenheit
devolver *irr*	*hier:* zurückgeben
difusión *f*	Verbreitung
disparo *m*	Schuss
divorcio *m*	Scheidung
doblar	*hier:* abbiegen
dolor *m*	Schmerz
dolorido	mit Schmerzen
doloroso	schmerzhaft
domicilio *m*	Wohnung
dudoso	zweifelnd
ebrio	betrunken
emoticón *m*	Emoji
en alto	erhoben
en observación	unter Beobachtung
en voz alta	laut
encajar	zusammenpassen
encender	*hier:* anmachen
encubrimiento *m*	Verdunkelung, Verheimlichung
enfadado	verärgert, sauer
enfermera *f*	Krankenschwester
enfrentarse	sich auseinandersetzen mit
entretanto	inzwischen
entrevista *f*	Interview
error *m*	Fehler
esclarecer	aufklären
estar *irr* **de guardia**	(im Krankenhaus) Bereitschaftsdienst haben
estrella *f* **fugaz**	Sternschnuppe
eterno	ewig
evitar	vermeiden
éxito *m*	Erfolg
expectante	gespannt
expediente *m*	Dossier
extrañado	erstaunt, verwundert
faro *m*	*hier:* Scheinwerfer
femicidio *m*	Frauenmord
¡Firmes!	Stillgestanden!
folleto *m*	Broschüre
fonda *f*	Lokal, Wirtshaus
forense *m*	Rechtsmediziner

frenar	bremsen
gasolina *f*	Benzin
gasolinera *f*	Tankstelle
golpe *m*	Schlag, Stoß
grabación *f*	Aufnahme
grifo *m*	Wasserhahn
guante *m*	Handschuh
guardián/ana *m/f*	Hüter/in
hacer *irr* **callar**	zum Schweigen bringen
hacer *irr* **daño**	schaden
hacer *irr* **oficial**	öffentlich bekannt geben
hacer *irr* **pesas**	hanteln
hacer *irr* **visible**	sichtbar machen
heredar	erben
⚡ **hijo** *m* **de puta**	Hurensohn, Mistkerl
homenajear	ehren
hondo	tief
honor *m*	Ehre
hora *f* **punta**	Stoßzeit
humeante	dampfend
ilusionado	begeistert
imaginarse	sich vorstellen
impacto *m*	*hier:* Stoß, Schlag
impedir *irr*	verhindern
implicado	verwickelt
impotencia *f*	Ohnmacht
impresora *f*	Drucker
imprimir	drucken
inaccesible	unzugänglich
incidente *m*	Vorfall
incómodo	ungemütlich
inconsciente	bewusstlos
inconscientemente	unbewusst
incrédulo	ungläubig
indígena	*hier:* Indio-, einheimisch
indignado	empört
informe *m*	Bericht
inimaginable	unvorstellbar
injusticia *f*	Ungerechtigkeit
inmediatamente	sofort
inocente	unschuldig
insultar	beschimpfen
intento *m* **de robo**	versuchter Raub

interminable	endlos, unendlich
intermitente *m*	Blinklicht
interrogatorio *m*	Verhör
intimidar	einschüchtern
invadir	überkommen
investigación *f*	Ermittlung
investigar	forschen
ir *irr* **al grano**	zur Sache kommen
ϟ **ir** *irr* **a mil por hora**	rasen
jornada *f*	Arbeitstag
jubilación *f*	Ruhestand, Rente
juicio *m*	Gerichtsverfahren
justicia *f*	Justiz
juzgado *m*	Gericht
latir	schlagen, pochen
lenca	indigenes Volk in El Salvador und Honduras
liberar	freilassen
llave *f*	Schlüssel
lo ocurrido	das Geschehene
macroconstrucción *f*	Großbauprojekt
malversación *f*	Unterschlagung
mandar	*hier:* befehlen; schicken
manejar *LAm*	*hier:* fahren
mantener *irr* **al tanto**	auf dem Laufenden halten
maquillado	geschminkt
mareado	schwindlig
marginado	diskriminiert
matrícula *f*	*hier:* Autokennzeichen
matrimonio *m*	Ehe
medioambiental	Umwelt-
melena *f*	Mähne, lange Haare
mensaje *m*	Nachricht
menudo	*hier:* zierlich
mi más sentido pésame	herzliches Beileid
miedo *m*	Angst
miembro *m*	Mitglied
molestar	belästigen, stören
monitor *m*	Trainer
mueble *m*	Möbelstück
muralla *f*	(Stadt-)Mauer
murmullar	murmeln
musculoso	muskulös, kräftig

negación *f*	Verneinung
negar *irr*	verneinen
no dar *irr* **crédito**	*hier:* es nicht fassen können
no tener *irr* **inconveniente**	nichts dagegen haben
noticia *f*	Nachricht
nublado	getrübt
obra *f*	Baustelle
ocultar	verbergen, verheimlichen
ocupado con	beschäftigt mit
ocuparse de	sich kümmern um
ocurrírsele	jdm. einfallen
oficial *m*	Offizier
olvidar	vergessen
ONU (Organización de las Naciones Unidas)	UNO
paciencia *f*	Geduld
paisaje *m*	Landschaft
palpitar	schlagen, pochen
papel *m*	Rolle
papelera *f*	Papierkorb
paralizarse	*hier:* zum Erliegen kommen
pareja *f*	Paar, *hier:* Partner/in
partero/a *m/f*	Geburtshelfer/Hebamme
patio *m*	Hof
peligro *m*	Gefahr
pendiente	unerledigt
pensión *f*	*hier:* Rente
perder *irr*	verlieren
perdido	verloren
permitir	erlauben
persona *f* **infiltrada**	Spion
pertenecer *irr*	gehören
pesadilla *f*	Albtraum
pesas *f pl*	Hanteln
ϟ **pinche**	*hier:* verdammt
pitido *m*	Pfeifen
placa *f*	*hier:* Schild
por desgracia	leider
posesión *f*	Besitz
precaución *f*	Vorsicht
preferido	Lieblings-, bevorzugt
preferir *irr*	bevorzugen
preocupación *f*	Sorge

preocuparse	sich Sorgen machen
presa *f*	Staudamm
presentimiento *m*	Vorahnung
presión *f*	Druck
prestar declaración	eine Aussage machen
prestar	leihen
prisión *f* **preventiva**	Untersuchungshaft
prohibir	verbieten
proponer *irr*	vorschlagen
proporcionar	liefern
proteger	schützen
prueba *f*	Beweis
publicar	veröffentlichen
puesto *m* **de trabajo**	Arbeitsplatz
pulmón *m*	Lunge
ϟ **¿Qué onda?**	Was geht ab?
quedar con	sich mit jdm. treffen
queja *f*	Beschwerde
quitar	*hier:* entfernen
rabia *f*	Wut
radiación *f* **solar**	Sonnenstrahlung
radiografía *f*	Röntgenbild
ranchera *f*	mexikanisches Volkslied
rastrear	durchkämmen
rato *m*	Weile
recado *m*	Besorgung
recepcionista *m/f*	Empfangsdame, Empfangschef
reciente	neu
recoger *irr*	aufheben
reconocer	erkennen
recuperarse	*hier:* sich erholen
redes *f pl* **sociales**	soziale Netzwerke
reducirse *irr* **a**	sich reduzieren auf
referirse *irr* **a**	meinen, sich beziehen auf
reivindicar	fordern
relación *f*	Verbindung, Beziehung
relacionado con	im Zusammenhang mit
rellenar	ausfüllen
remitente *m*	Absender
reñir *irr*	ausschimpfen
reputación *f*	Ruf
resolución *f*	Entschluss
resolver *irr*	lösen

respirar	atmen
retrovisor *m*	Rückspiegel
reunión *f*	Sitzung, Versammlung
revelar	enthüllen
riña *f*	Streit
risa *f*	Lachen
rotulador *m*	Filzstift
rozar	streifen
rueda *f*	Reifen
ruido *m*	Geräusch, Lärm
saltar	springen
sano y salvo	gesund und munter
sargento *m*	Feldwebel
seguimiento *m*	Verfolgung
según mi opinión	meiner Meinung nach
señalar	zeigen
separarse	sich trennen
servicio *m* **militar**	Militärdienst
sicario *m*	Killer, Auftragsmörder
sigilosamente	diskret, vorsichtig
silla *f* **de ruedas**	Rollstuhl
sin aliento	atemlos
sin cargos	freigesprochen
sinceridad *f*	Ernst, Ehrlichkeit
sindicato *m*	Gewerkschaft
sobre *m*	Briefumschlag
sollozo *m*	Schluchzen
sospechoso	verdächtig
sospechoso/a *m/f*	Verdächtige/r
suave	sanft
subir	*hier:* hochladen
suceder	geschehen
sufrimiento *m*	Leiden
suicidarse	Selbstmord begehen
suicidio *m*	Selbstmord
suspiro *m*	Seufzer
susto *m*	Schreck
susurrar	flüstern
tacón *m*	Absatz
táper *m*	Tupperdose
tarea *f*	Aufgabe
tarjeta *f*	*hier:* Kreditkarte
teletrabajo *m*	Homeoffice, Telearbeit

temblor *m*	Zittern
temprano	früh
tener *irr* **cuidado con**	aufpassen
tener *irr* **lugar**	stattfinden
tener *irr* **razón**	recht haben
teniente *m*	Leutnant
tensión *f*	Spannung
tenso	angespannt, gespannt
testigo *m*	Zeuge
traicionar	verraten
trama *f*	Intrige
trasladar	verlegen
tratar(se) de	sich handeln von/um
trato *m*	Abmachung, Deal
tremendo	schwer, heftig
trofeo *m*	Trophäe
tropa *f*	Truppe
turno *m* **de trabajo**	(Arbeits-)Schicht
ϟ **un montón de**	unerhört viel
un tanto	etwas
ϟ **vaya susto** *m*	was für ein Schreck
vecino/a *m/f*	Nachbar/in
venganza *f*	Rache
vergüenza *f*	Schande
vestido *m* **de noche**	Abendkleid
vía *f*	*hier:* (intravenöser) Zugang
vigilancia *f*	Überwachung
vigilar	überwachen, aufpassen
vinculado	verbunden
violencia *f*	Gewalt
violentamente	heftig
vista *f*	Blick, Sicht
vocación *f*	Berufung
volante *m*	Lenkrad

Tabla de ejercicios